KÖSTLICHE SALATE

KÖNEMANN

Salate und Salatsaucen

Heutzutage gibt es eine Fülle interessanter Salatzutaten. Dieses Kochbuch verrät Ihnen, wie man die einzelnen Salate und Gemüse unterscheidet, wie man sie auswählt und wie mit verschiedenen Kombinationen aus Essig und Öl köstliche Salatsaucen entstehen.

Was Sie über Salat wissen müssen:

Grüne Salate Grundsätzlich nur Salat mit gesunder, kräftiger Farbe kaufen und solchen mit verwelkten oder gelben Blättern meiden. Salate mit stabilen Köpfen wie Eissalat müssen sich fest anfühlen, wenn man sie drückt. Die Unterseite sollte trocken sein. Bei grünen Salaten ist Frische ganz besonders wichtig, weil bereits kurz nach der Ernte der Vitaminverlust beginnt.

Aufbewahrung
Salate sind leicht verderblich. Wenn irgend möglich, sollte man sie erst kurz vor der Zubereitung kaufen. Grundsätzlich gilt, je weicher die Salatblätter sich anfühlen, desto schneller sollte der Salat verbraucht werden. Richtig aufbewahrt hält sich ein knackiger Eissalat oder Römischer Salat bis zu sieben Tage, ein weicher Kopfsalat dagegen nur zwei oder drei Tage. Den Salat vor dem Lagern gründlich waschen, um Sand und Insekten zu entfernen, und gut abtrocknen. Dazu nimmt man am besten eine Salatschleuder, ein Küchenhandtuch oder Papiertücher. Vorsichtig abtupfen, damit die Blätter nicht beschädigt werden. Blätter locker in eine Plastiktüte füllen, Luft aus der Tüte drücken, gut verschließen und den Salat im Gemüsefach des Kühlschranks aufbewahren.

Vorbereitung
Salatblätter möglichst nicht mit dem Messer abschneiden, sondern mit den Händen von den Rippen reißen. Bei größeren Salaten den Strunk herausschneiden. Die Blätter lassen sich leichter trennen, wenn man den Salatkopf verkehrt herum unter fließendes Wasser hält. Blätter danach gut abtrocknen, weil das Wasser sonst die Salatsauce verdünnt und die Blätter weich werden.

Sorten:
Brunnenkresse: Pikanter, kühler Geschmack. Dunkelgrün mit kleinen, glänzenden Blättern. Gründlich waschen, um die Schnecken zu entfernen.
Chicorée: Knackige, weißliche Blätter mit gelben Rändern, bitterer Geschmack.
Eichblattsalat: Rote und grüne Sorten. Lockerer Salatkopf mit langen, mehrfarbigen Blättern.
Eissalat (Krachsalat): Große knackige Blätter mit süßlichem, etwas wäßrigem Geschmack. Läßt sich gut aufbewahren.
Endivie: Blaßgrüne, schmale und gekrauste Blätter. Leicht bitterer, milder Geschmack.
Eßbare Blüten: Dazu gehören die Blütenblätter von Rosen, Stiefmütterchen, Veilchen, Schnittlauchblüten, Duftgeranien, Kapuzinerkresse, Ringelblumen, Geißblatt und Chrysanthemen. Zur Dekoration und für Farbakzente.
Kopfsalat: Ein lockerer, hellgrüner Salat mit abgerundeten, weichen Blättern und butterartigem Geschmack.
Mischsalat: Blätter von verschiedenen Salatsorten, mit eßbaren Blüten vermischt. Wird nach Gewicht verkauft.
Pflücksalat: Grüne und rote Sorten. Dicht gekrauste, knackige Blätter; milder, süßlicher Geschmack.
Radicchio: Dichter Kopf mit

Spinat

Roter Eichblattsalat

Römischer Salat

Brunnenkresse

Chicoreé

Rucola

Zuckerschoten-
sprossen

Kopfsalat

Radicchio

Roter Kopfsalat

Grüner Eichblattsalat

Eßbare Blüten

Endivie

Roter Pflücksalat

Eissalat

Grüner Pflücksalat

dunkelroten Blättern und sehr bitterem Geschmack.
Römischer Salat: Große, lange grüne Salatköpfe mit knackigen, fleischigen und süß schmeckenden Blättern. Hoher Vitamingehalt.
Rotblättriger Kopfsalat: Grüne Blätter mit roten Rändern; milder, süßer Geschmack.
Rucola (Rauke): Zarte, dunkelgrüne Blätter mit leichtem Erdnußgeschmack. Kleinere Blätter sind milder.
Spinat: Besonders vitamin- und eisenhaltig. Kräftiger Geschmack. Rippen entfernen; besonders gründlich waschen, um den Sand auszuspülen.
Zuckerschotensprossen: Neu auf der Liste der Salatzutaten. Die dekorativen Sprossen sind sehr knackig und haben einen leicht grasartigen Geschmack.

Öle, Essigsorten und Salatsaucen

Die Kombination verschiedener Essig- und Ölsorten verleiht Salaten ihren charakteristischen Geschmack. Eine gute Salatsauce hebt das Aroma der Zutaten hervor, ohne es zu überdecken. Bereiten Sie die Salatsaucen wenn möglich kurz vor dem Verzehr frisch zu, damit Essig und Öl sich nicht wieder trennen (wenn sie es doch tun, so lange rühren oder schütteln, bis sie wieder gebunden sind). Direkt vor dem Servieren über den Salat geben, damit grüne Blätter nicht weich werden. Ertränken Sie den Salat nicht in der Sauce; nehmen Sie nur soviel, daß die Blätter mit Sauce befeuchtet sind.

Öle
Chiliöl: Mit scharfen Chilischoten aromatisiertes Pflanzenöl gibt Salaten asiatischer Art eine feurige Note. Im Kühlschrank aufbewahren. In asiatischen Lebensmittelgeschäften erhältlich.
Erdnußöl: Leicht nussiger, milder Geschmack; hervorragendes Allzweck- und Salatöl.
Olivenöl: Dieses Öl gibt es mit unterschiedlich intensiven Aromen. Die Farbe variiert von dunklem Grün über dunkles Gelb bis zu sehr hellem Gelb. Extra natives Olivenöl (*extra vergine*) stammt aus erster Pressung und hat den intensivsten Geschmack.
Pflanzenöl: Pflanzenöle können aus einer Mischung aus Soja-, Distel-, Sonnenblumen-, Maiskeim- oder Erdnußöl bestehen.
Sesamöl: Je dunkler die Tönung dieses bernsteinfarbenen Öls, desto intensiver der Geschmack. Sparsam verwenden.
Sonnenblumenöl: Mildes Allzwecköl aus Sonnenblumenkernen.
Walnußöl: Duftiger Geschmack und Aroma. Hoher Jodgehalt. Im Kühlschrank aufbewahren.

Essigsorten
Apfelessig: Der milde, süßliche Essig wird aus

1. So stellen Sie Mayonnaise her: Eigelb, Essig und Gewürze in eine Küchenmaschine geben.

2. Unter Rühren das Öl in gleichmäßigem, dünnem Strahl hineingießen.

Apfelfruchtfleisch oder Apfelwein hergestellt. Paßt gut zu grünen Blattsalaten.
Balsamessig (Aceto Balsamico): Ein intensiver, schwerer, süßer und aromatischer italienischer Essig aus Traubenmost; er reift drei bis acht Jahre in Fässern. Sparsam verwenden. In den meisten Supermärkten und Feinkostgeschäften erhältlich.
Fruchtessig: Weiche Früchte wie Johannisbeeren und andere Beerenarten werden mit Weinessig angesetzt, bis er aromatisiert ist. Stets kühl und dunkel aufbewahren.
Kräuteressig: Frische Kräuter, manchmal auch Knoblauch, werden in Weinessig eingelegt, um ihn zu aromatisieren. Stets kühl und dunkel aufbewahren.
Malzessig: Dunkelbrauner Essig, der aus Bier statt aus Wein hergestellt wird. Intensiver Geschmack.
Reisessig: Ein süßer Essig mit mildem Geschmack. Paßt hervorragend zu Kohl und Möhren. In asiatischen Lebensmittelgeschäften erhältlich.
Weinessig: Aus Rot- oder Weißweinen hergestellt. Zur Herstellung von Mayonnaise sollten Sie Weißweinessig verwenden.
Weißer Essig: Klar, farblos und mild. Guter Allzweckessig.

Salatsaucen

Vinaigrette

Ergibt 125 ml

3 EL Öl
2 EL Weißweinessig
1 TL geschroteter Senf
frisch gemahlener Pfeffer

1 Alle Zutaten in ein kleines Schraubglas geben und gut schütteln. Sofort verwenden.

Mayonnaise

Ergibt etwa 375 g

2 Eigelb
2-3 TL Weißweinessig
250 ml Olivenöl
weißer Pfeffer
1 Avokado (nach Wunsch)

1 Eigelb, Essig und Gewürze in eine Küchenmaschine oder Rührschüssel geben. 15 Sek. mixen, bis eine einheitliche Masse entsteht.
2 Unter Rühren das Öl in gleichmäßigem, dünnem Strahl hineingießen, bis das ganze Öl eingerührt und die Mischung dick und cremig ist.
3 Nach Wunsch püriertes Avokadofruchtfleisch unterziehen.

Grüne Göttin

Ergibt etwa 200 ml

3 EL Olivenöl
3 EL Zitronensaft
2 EL Saure Sahne
1 TL geschroteter Senf
frisch gemahlener Pfeffer
1 Knoblauchzehe, zerdrückt
3 EL frische, gehackte, gemischte Kräuter

1 Alle Zutaten in ein kleines Schraubglas füllen und gut mischen. Zu Meeresfrüchten oder Crudités servieren.

3. Die fertige Mayonnaise sollte dick und cremig sein.

4. Zum Variieren püriertes Avokadofruchtfleisch unterziehen.

Lieblingssalate

Vielleicht haben Sie einige der Salate in diesem Kapitel schon im Restaurant gegessen, sich aber zu Hause nie an sie herangewagt – an den perfekten Caesar-Salat, Waldorf-Salat oder Nizza-Salat. Außerdem bietet Ihnen dieses Kapitel Rezepte für alle Arten von köstlichen Standardsalaten wie Krautsalat, Kartoffelsalat und Nudelsalat.

Meeresfrüchte-Salat

Vorbereitungszeit: 20 Min.
Gesamtkochzeit: 2 Min.
Für 4 Personen

200 g Calamari
500 g Königsgarnelen, gekocht
200 g Muscheln aus dem Glas
4 große Salatblätter
4 EL Thousand Island Dressing
1 EL Sahne
1 TL fein gehackte, frische Petersilie

1 Eine große Bratpfanne 3 cm hoch mit Wasser füllen und dieses zum Kochen bringen. Calamari hineingeben und 2 Min. köcheln lassen; dabei umdrehen. Mit dem Schaumlöffel aus der Pfanne nehmen und zum Abkühlen beiseite stellen.

2 Garnelen schälen und Darm entfernen. Muscheln abtropfen lassen.

3 Die Meeresfrüchte auf Salatblättern anrichten. Dressing mit der Sahne vermischen und über die Meeresfrüchte gießen. Mit Petersilie bestreuen und sofort servieren.

Gartensalat

Vorbereitungszeit: 15 Min.
Gesamtkochzeit: Keine
Für 8 Personen

200 g gemischte grüne Salatblätter
120 g Rotkohl
1 Möhre
1 große Stange Sellerie
1 kleine grüne Paprikaschote
3 EL Vinaigrette (siehe S. 5)

1 Salatblätter gründlich waschen und trocknen; in mundgerechte Stücke zerpflücken.

Meeresfrüchtesalat (oben) und Gartensalat.

2 Rotkohl fein hobeln. Möhre raspeln; Sellerie und Paprikaschote in dünne Scheiben schneiden. In einer großen Salatschüssel vermischen, die Sauce hinzugeben und vorsichtig unterheben. Sofort servieren.

Waldorf-Salat

Vorbereitungszeit: 15 Min.
Gesamtkochzeit: Keine
Für 6 Personen

3 rote Äpfel
2 grüne Äpfel
2 Selleriestangen, in Scheiben geschnitten
60 g Walnußhälften
3 EL Mayonnaise (siehe S. 5)
2 EL Vinaigrette (siehe S. 5)
1 EL Saure Sahne

1 Die Äpfel vierteln, das Kerngehäuse entfernen und in 2 cm große Stücke schneiden.
2 Mit dem Sellerie und den Walnüssen in einer großen Schüssel vermischen.
3 In einer anderen Schüssel Mayonnaise, Vinaigrette und Saure Sahne gut vermischen. Zum Salat geben und sorgfältig unterheben. In einer mit Salatblättern ausgelegten Schüssel anrichten. Sofort servieren.

Tip: Waldorf-Salat kann bis zu 2 Std. vor dem Verzehr zubereitet und mit einer Frischhaltefolie bedeckt im Kühlschrank aufbewahrt werden.

Krautsalat

Vorbereitungszeit: 15 Min.
Gesamtkochzeit: Keine
Für 6 Personen

1/4 kleiner Weißkohl, feingehobelt
2 Möhren, geraspelt
1 Stange Sellerie, feingehackt
1 große weiße Zwiebel, feingehackt
1 kleine rote Paprikaschote, feingehackt

Sauce
100 g Mayonnaise (siehe S. 5)
2 EL Weißweinessig
1 TL feingemahlener Dijon-Senf

1 Gemüse in eine große Schüssel geben und gut mischen.
2 In einer zweiten Schüssel die Zutaten für die Salatsauce verrühren und unter den Salat mischen. In einer Servierschüssel anrichten.

Waldorf-Salat (oben) und Krautsalat.

1. Für den Caesar-Salat Knoblauchzehen vierteln. In eine kleine Schüssel mit Öl geben.

2. Rinde vom Brot entfernen. Mit Öl bestreichen und in kleine Würfel schneiden.

3. Schinkenspeck von Fett und Schwarte befreien und in schmale Streifen schneiden. Knusprig braten.

4. Mit einem Gemüseschäler oder kleinen Küchenmesser dünne Scheiben vom Parmesan abschälen.

Caesar-Salat

Vorbereitungszeit: 20 Min.
Gesamtkochzeit: 15 Min.
Für 4-6 Personen

1 Knoblauchzehe
1 EL Olivenöl
3 dicke Weißbrotscheiben
200 g Schinkenspeck
1 Römischer Salat
zusätzlich 3 EL Olivenöl
1 EL Zitronensaft
1 EL Saure Sahne
1/2 TL Worcestersauce
4 Anchovis, gehackt
100 g Parmesan in hauchdünnen Scheiben

1 Ofen auf 180 °C vorheizen. Knoblauch vierteln und in eine kleine Schüssel mit Öl geben. 10 Min. ziehen lassen; dabei gelegentlich umrühren. Knoblauch entfernen. Für die Croutons die Rinde vom Brot entfernen. Mit Öl bestreichen und in kleine Würfel schneiden. Auf ein Backblech legen und goldbraun backen. Abkühlen lassen.
2 Schwarte und überflüssiges Fett vom Schinkenspeck entfernen; in schmale Streifen schneiden. Bei mittlerer Hitze knusprig braten.
3 Salat gründlich waschen und abtrocknen. Größere Blätter zum Auskleiden der Servierschüssel verwenden. Restliche Blätter in mundgerechte Stücke zerpflücken und in die Schüssel geben.
4 Olivenöl, Zitronensaft, Saure Sahne und Sauce in ein kleines Schraubglas geben und gut schütteln. Die Sauce über den Salat träufeln. Schinkenspeck, Anchovis, Croutons und Parmesan in die Schüssel geben und vorsichtig unterheben. Sofort servieren.

Caesar-Salat.

Reissalat

Vorbereitungszeit: 15 Min.
Gesamtkochzeit: 10 Min.
Für 8 Personen

400 g Langkornreis
1 kleine, rote Paprikaschote
1 kleine Gurke
2 Frühlingszwiebeln
1 Dose Maiskörner (Abtropfgewicht 285 g)
4 EL Vinaigrette (siehe S. 5)
1 EL frische, gehackte Petersilie

1 Den Reis gar kochen, so daß er noch Biß hat. Abtropfen lassen, mit kaltem Wasser abspülen und gut trocknen lassen.
2 Paprikaschote in 1 cm große Würfel schneiden. Gurke schälen und längs vierteln. Kerne entfernen. Gurke und Frühlingszwiebeln in dünne Scheiben schneiden.
3 Reis und Gemüse in einer großen Schüssel mischen und

die Sauce vorsichtig unterheben. In einer Servierschüssel anrichten und mit Petersilie bestreuen. Zimmerwarm servieren.

Bohnensalat

Vorbereitungszeit: 10 Min.
Gesamtkochzeit: Keine
Für 6 Personen

150 g grüne Bohnen
310 g dicke Bohnen aus der Dose
310 g Wachsbohnen aus der Dose
440 g rote Bohnen aus der Dose
1 kleine rote Zwiebel, in dünne Scheiben geschnitten
2 EL gehackte Petersilie
2 EL Vinaigrette (siehe S. 5)

1 Grüne Bohnen putzen und in 4 cm lange Stücke schneiden. 1 Min. blanchieren, dann abgießen und in Eiswasser tauchen. Gut abtropfen lassen.
2 Bohnen aus der Dose in ein Sieb schütten und unter fließendem Wasser abspülen. Abtropfen lassen. Bohnen, Zwiebel und Petersilie in einer Servierschüssel mischen. Sauce darübergießen und unterheben.

Tip: Für diesen Salat können Sie jede Kombination von Bohnen verwenden. Wählen Sie solche, bei denen Farbe und Größe gut kontrastieren.

Griechischer Salat

Vorbereitungszeit: 15 Min.
Gesamtkochzeit: Keine
Für 6 Personen

3 Tomaten
1 grüne Paprikaschote
1 Salatgurke
3 Frühlingszwiebeln, in 1 cm lange Stücke geschnitten
250 g Fetakäse, in 2 cm große Würfel geschnitten
4 EL schwarze entsteinte Oliven
2 EL Zitronensaft
3 EL Olivenöl

1 Tomaten achteln, Paprikaschote in 2 cm große Quadrate schneiden. Gurke längs halbieren, Kerne herausnehmen und in 1 cm dicke Scheiben schneiden.
2 Tomaten, Gurke, Paprika, Frühlingszwiebeln, Feta und Oliven in einer Servierschüssel mischen. Mit Zitronensaft und Öl beträufeln und sofort zimmerwarm servieren.

Im Uhrzeigersinn von links oben: Reissalat (S. 11), Bohnensalat und Griechischer Salat.

Nizza-Salat

Vorbereitungszeit: 20 Min.
Gesamtkochzeit: Keine
Für 4-6 Personen

140 g grüne Bohnen
2 Tomaten, geachtelt
1 kleine rote Zwiebel, in Ringe geschnitten
3 hartgekochte Eier, geviertelt
8 EL schwarze entsteinte Oliven
ca. 400 g Thunfisch aus der Dose, abgetropft
45 g Anchovis aus der Dose, abgetropft
3 EL Olivenöl
1 EL Weißweinessig
1 Knoblauchzehe, zerdrückt
1/2 TL feingemahlener Dijon-Senf

1 Grüne Bohnen putzen und 1 Min. blanchieren. Abgießen und in Eiswasser tauchen. Gut abtropfen lassen.
2 Bohnen, Tomaten, Zwiebel, Eier, Oliven, Thunfischstücke und Anchovis auf einer großen Servierplatte anrichten.
3 Olivenöl, Essig, Knoblauch und Senf in ein kleines Schraubglas füllen und gut schütteln. Sauce über den Salat träufeln und sofort mit Krustenbrot servieren.

Kartoffelsalat

Vorbereitungszeit: 20 Min.
Gesamtkochzeit: 10 Min.
Für 8 Personen

1 kg alte Kartoffeln
4 Frühlingszwiebeln, gehackt
1 Zwiebel, gehackt
1 Stange Sellerie, gehackt
3 EL Mayonnaise (siehe S. 5)
4 EL Naturjoghurt
3 hartgekochte Eier, geviertelt
200 g Schinkenspeck, in dünne Streifen geschnitten und gebraten
1 TL Paprika edelsüß

1 Kartoffeln schälen und in 2 cm große Würfel schneiden. So lange kochen, bis sie gerade gar sind. Abtropfen und erkalten lassen.
2 Kartoffeln, Zwiebeln und Sellerie in einer großen Schüssel mischen. Mayonnaise mit dem Joghurt verrühren und unter die Kartoffelmischung ziehen. In einer Servierschüssel anrichten, mit Eiern und Speckstreifen garnieren und mit Paprika bestreuen. Zimmerwarm servieren.

Kartoffelsalat (oben) und Nizza-Salat.

Curry-Huhn-Salat

Vorbereitungszeit: 20 Min.
Gesamtkochzeit: 15 Min.
Für 8 Personen

200 g Hörnchennudeln
1 EL Olivenöl
500 g Hühnerbrustfilet
450 g Ananasstücke aus der Dose, abgetropft
2 Selleriestangen, in dünne Scheiben geschnitten
3 Frühlingszwiebeln, gehackt
4 EL Mayonnaise (siehe S. 5)
4 EL Saure Sahne
2 TL Currypulver

1 Nudeln bißfest kochen. Abgießen, mit kaltem Wasser spülen und erneut abtropfen lassen. In eine große Schüssel geben und mit dem Öl vermischen.
2 Hühnerbrustfilets in einem Topf mit wenig Wasser gar köcheln lassen (etwa 5 Min.). Abtrocknen, abkühlen lassen und in 2 cm große Würfel schneiden. Hühnerstücke, Ananas, Sellerie und Frühlingszwiebeln zu den Nudeln geben und mischen.
3 Restliche Zutaten verrühren und unter die Nudelmischung ziehen. In einer Servierschüssel anrichten und zimmerwarm servieren.

Tabbouleh

Vorbereitungszeit: 20 Min.
Gesamtkochzeit: Keine
Für 8 Personen

200 g Burghul oder Weizenschrot
200 ml heißes Wasser
2 Bund großblättrige Petersilie
4 Frühlingszwiebeln, fein gehackt
4 Tomaten, gehackt
3 EL Minze, gehackt
3 EL Zitronensaft
3 EL Olivenöl

1 Burghul mit heißem Wasser in einer Schüssel vermischen und etwa 15 Min. stehen lassen, bis das Wasser aufgesogen ist.
2 Grobe Stengel von der Petersilie entfernen. Petersilie gründlich waschen und trocknen. Mit einem großen Messer oder einer Küchenmaschine grob hacken; bei der Küchenmaschine darauf achten, daß die Petersilie nicht zu fein zerkleinert wird.
3 Alle Zutaten in eine große Servierschüssel geben und gut vermischen. Bis zum Verzehr in den Kühlschrank stellen und zimmerwarm servieren.

Curry-Huhn-Salat (oben) und Tabbouleh.

Nudelsalat

Vorbereitungszeit: 20 Min.
Gesamtkochzeit: 10 Min.
Für 8 Personen

350 g große Muschelnudeln
1 EL Olivenöl
1 Möhre
1 kleine grüne Paprikaschote
125 g Schinken in Scheiben
285 g Maiskörner aus der Dose, abgetropft
2 EL Saure Sahne
125 ml Vinaigrette (siehe S. 5)

1 Nudeln bißfest kochen. Abgießen, mit kaltem Wasser spülen und erneut abtropfen lassen. In einer großen Schüssel mit dem Öl vermischen.
2 Möhre längs halbieren und in dünne Streifen schneiden. Paprika und Schinken ebenfalls in dünne Streifen schneiden. Möhren, Schinken, Paprika und Mais zu den Nudeln geben und gut mischen.
3 Saure Sahne und Vinaigrette in ein kleines Schraubglas geben und gut schütteln. Salat in eine Servierschüssel füllen und Salatsauce darübergießen. Zimmerwarm servieren.

Tip: Sie sparen Zeit, wenn Sie die Nudeln vorher kochen und bis zur Zubereitung im Kühlschrank aufbewahren.

Chefsalat

Vorbereitungszeit: 15 Min.
Gesamtkochzeit: Keine
Für 6 Personen

6 große Salatblätter
50 g Schweizer Käse, in dünne Streifen geschnitten
4 dünne Scheiben gekochter Schinken
200 g gekochtes, gehacktes Hühnerfleisch
3 Eiertomaten
2 EL eingelegte rote Paprika, gehackt (nach Wunsch)
2 hartgekochte Eier, geviertelt
125 ml Vinaigrette (siehe S. 5)

1 Salat waschen und gründlich abtrocknen. Käse und Schinken in gleichgroße, dünne Streifen schneiden. Tomaten sechsteln.
2 Käse, Schinken, Huhn, Tomaten, Paprika und Eier in eine Schüssel geben und vorsichtig mischen. Den Salat auf den Salatblättern anrichten. Sauce darüberträufeln und sofort servieren.

Tip: Statt Huhn können Sie auch Putenfleisch verwenden.

Nudelsalat (oben) und Chefsalat.

Salate zum Sattessen

Diese Salate sind reichhaltig genug, um als selbständige Mahlzeit zu gelten. Viel Protein (in Form von Fisch, Fleisch oder Käse) in Verbindung mit grünen Blattsalaten, anderen knackigen Gemüsen oder Nudeln und Reis macht jedes dieser Rezepte zu einer soliden und nahrhaften Mahlzeit. Salate sind nicht nur für heiße Sommertage gedacht: Im Winter serviert man sie mit heißen Brötchen und einem Teller Suppe.

Spanischer Garnelen-Salat

Vorbereitungszeit: 25 Min.
Gesamtkochzeit: Keine
Für 6 Personen

500 g Königsgarnelen, gekocht
2 große Orangen
1 kleiner rotblättriger Kopfsalat oder Römischer Salat
1 kleine rote Zwiebel, in feine Ringe geschnitten
2 EL Rotweinessig
3 EL Olivenöl
1/2 abgeriebene Orangenschale
1 Knoblauchzehe, zerdrückt

1 Garnelen schälen und Darm entfernen. Schwänze dranlassen. An jedem Ende der Orange eine Scheibe abschneiden, bis das Fruchtfleisch sichtbar wird. Mit einem kleinen Messer die Schale spiralförmig abschälen, dabei so tief schneiden, daß die weiße Haut mitentfernt wird. Etwas Schale zum Abreiben zurückbehalten. Zwischen Fleisch und Membran einschneiden, und so die Orangenspalten voneinander trennen.

2 Salat gründlich waschen und abtrocknen. Die Blätter auf 6 Teller legen; Garnelen, Zwiebeln und Orangenspalten darauf anrichten.

3 Essig, Öl, feingeriebene Orangenschale und Knoblauch in ein kleines Schraubglas geben und gut schütteln. Über den Salat träufeln und sofort mit Krustenbrot servieren.

Räucherlachssalat (oben links), Hühnersalat Thailändische Art (beide S. 22) und Spanischer Garnelen-Salat.

Hühnersalat Thailändische Art

Vorbereitungszeit: 20 Min. + 2 Std. Marinierzeit
Gesamtkochzeit: 15 Min.
Für 4 Personen

4 Hühnerbrustfilets, in 1 cm breite Streifen geschnitten
1 TL gemahlener Ingwer
1 Knoblauchzehe, zerdrückt
2 EL Sojasauce
1 EL Erdnußöl
3 Frühlingszwiebeln, diagonal in Scheiben geschnitten
2 Möhren, in 4 cm lange, streichholzdicke Stifte geschnitten
35 g Zuckerschotensprossen
2 EL thailändische süße Chilisauce
1 EL Reisessig
zusätzlich 2 EL Erdnußöl

1 Huhn in einer Schüssel mit Ingwer, Knoblauch und Sojasauce mischen. Mit Frischhaltefolie bedeckt im Kühlschrank mindestens 2 Std. marinieren lassen. Gelegentlich wenden.
2 Bei mittlerer Hitze Öl in einer schweren Pfanne erwärmen. Hühnerstreifen in mehreren Portionen braten, auf Küchenpapier abtropfen und erkalten lassen.
3 Huhn mit Frühlingszwiebeln, Möhren und Sprossen vermischen. Chilisauce, Essig und Erdnußöl in ein kleines Schraubglas füllen und kräftig schütteln. Sauce über den Salat gießen und vorsichtig unterheben. Sofort servieren.

Tip: Süße Chilisauce und Reisessig gibt es in asiatischen Lebensmittelgeschäften und einigen Supermärkten.

Räucherlachssalat

Vorbereitungszeit: 20 Min.
Gesamtkochzeit: Keine
Für 4 Personen

60 g Brunnenkresse
200 g Räucherlachs, in Scheiben geschnitten
1 Avokado, längs in Scheiben geschnitten
1 kleine Zwiebel, in feine Ringe geschnitten
1 Selleriestange
4 EL Olivenöl
1 EL Zitronensaft
4 EL weicher Frischkäse
2 EL Sahne
1 EL feingehackter, frischer Dill

1 Brunnenkresse sorgfältig waschen und trocknen. In große Zweige brechen. Die Zweige auf 4 Teller verteilen und Lachs, Avokado und Zwiebeln darauf anrichten. Sellerie in 5 cm lange Stücke, dann in lange Streifen schneiden. Über den Salat streuen.
2 Öl, Essig und Frischkäse mit der Küchenmaschine oder dem Mixer glattrühren. Sahne und Dill unterziehen. Sauce über den Salat träufeln und sofort mit knusprigen Brotstangen servieren.

Schneller Hühnersalat.

Schneller Hühnersalat

Vorbereitungszeit: 20 Min.
Gesamtkochzeit: Keine
Für 4 Personen

1 roter Eichblatt- oder Pflücksalat
1 mariniertes, gegrilltes Huhn
1 Avokado, in dünne Scheiben geschnitten
2 Selleriestangen, in 1 cm breite Scheiben geschnitten
3 EL Fertigmayonnaise
60 ml Buttermilch
2 TL Estragonessig
40 g gehackte Pekan- oder Walnüsse

1 Salat gründlich waschen und abtrocknen. In mundgerechte Stücke zerpflücken und auf 4 Teller verteilen. Huhn in etwa gleichgroße Stücke teilen. Dabei möglichst die Haut am Fleisch lassen.
2 Die Hälfte der Hühnerstücke auf dem Salat anrichten und die Hälfte der Avokado darübergeben. Mit dem restlichen Hühnerfleisch und der Avokado wiederholen und Selleriestückchen darüberstreuen.
3 Mayonnaise, Buttermilch und Essig in ein kleines Schraubglas füllen und gut schütteln. Über den Salat träufeln. Mit Nüssen garnieren und sofort mit heißen Vollweizenbrötchen servieren.

Würziger Linsensalat

Vorbereitungszeit: 20 Min.
Gesamtkochzeit: 20 Min.
Für 6 Personen

250 g braune Linsen
1 Würfel Hühnerbrühe, zerkrümelt
2 Tomaten, in 1 cm große Würfel geschnitten
2 Frühlingszwiebeln, in Scheiben geschnitten
2 EL Öl
2 TL Apfelessig
1 EL gehackte, frische Minze
1/2 TL gemahlener Kümmel
1/4 TL Cayennepfeffer (oder nach Geschmack)

1 Linsen und zerkrümelten Brühwürfel in einen Topf geben und mit Wasser bedecken. Aufkochen und etwa 20 Min. köcheln lassen, bis die Linsen gerade gar sind. Abtropfen und erkalten lassen.
2 Erkaltete Linsen mit Tomaten und Frühlingszwiebeln in eine Schüssel geben. Restliche Zutaten in ein kleines Schraubglas füllen und gut schütteln. Sauce über den Salat träufeln und vorsichtig mit den Zutaten vermischen. Sofort servieren.

Vorspeisenplatte (Antipasti)

Vorbereitungszeit: 20 Min. + 30 Min. Marinierzeit
Gesamtkochzeit: Keine
Für 6 Personen

400 g Artischockenherzen aus der Dose, abgetropft
230 g Champignons aus der Dose (I. Wahl), abgetropft
4 EL Italienisches Dressing
250 g Salami, in Scheiben geschnitten
50 g getrocknete Tomaten, in dünne Scheiben geschnitten
250 g schwarze Oliven
250 g mittelalter Gouda, in dicke Scheiben geschnitten

1 Artischockenherzen halbieren. Mit Champignons und Salatsauce in einer Schüssel mischen und 30 Min. beiseite stellen; gelegentlich umrühren.
2 Artischocken und Champignons abtropfen lassen und die Sauce auffangen. Mit den restlichen Zutaten auf einer Platte anrichten und die aufgefangene Sauce darüberträufeln. Mit Krustenbrot sofort servieren.

Tip: Gouda durch frischen Mozzarella aus dem Feinkostgeschäft ersetzen.

Würziger Linsensalat (oben) und Vorspeisenplatte.

1. Für Auberginen-Salat Auberginen in 1 cm dicke Streifen schneiden.

2. Gemüse mit Olivenöl und Zitronensaft vermischen und marinieren lassen.

3. Fleisch auf einen heißen, leicht gefetteten Grill legen. Auf jeder Seite 2 Min. braten.

4. Fleisch abkühlen lassen, dann in dünne Streifen schneiden.

Auberginen-Salat mit gegrilltem Rindfleisch

Vorbereitungszeit: 25 Min. + 30 Min. Marinierzeit
Gesamtkochzeit: 20 Min.
Für 4 Personen

2 Auberginen
2 EL Salz
3 Zucchini
2 rote Paprikaschoten
100 g kleine Champignons
2 Zwiebeln
3 EL Olivenöl
1 EL Zitronensaft
750 g Lenden- oder Rumpsteak
40 g Zuckerschotensprossen
3 EL Basilikum, in Streifen geschnitten

1 Auberginen längs halbieren und ebenfalls längs in 1 cm breite Streifen schneiden. Die Streifen nebeneinander auf eine Platte legen und mit Salz bestreuen. 15 Min. ziehen lassen, dann abspülen und gründlich trocknen.

2 Zucchini in 2 cm große Stücke, Paprikas in 2 cm lange Streifen schneiden. Champignons halbieren, Zwiebeln in dicke Ringe schneiden. Das ganze Gemüse mit Öl und Zitronensaft in einer großen Schüssel mischen. Mit Frischhaltefolie abdecken und bei Zimmertemperatur 30 Min. ziehen lassen.

3 Fett und Sehnen vom Fleisch entfernen. Auf einen leicht gefetteten Holzkohlengrill und bei starker Hitze auf beiden Seiten 2 Min. braten, bis die Poren geschlossen sind. Um das Fleisch medium zu braten, weitere 2 Min. pro Seite auf dem Grill lassen. Dann das Fleisch auf eine Platte legen und lose mit Folie bedecken. Nach dem Abkühlen in dünne Scheiben schneiden. Gemüse aus der Marinade nehmen und in zwei Portionen auf dem Grill je 5 Min. braten, bis es leicht gebräunt und bißfest ist.

4 Auf einem Berg Zuckerschotensprossen auf jedem Teller Fleisch und Gemüse anrichten. Mit Basilikumstreifen garnieren. Sofort zimmerwarm servieren.

Tip: Steak und Gemüse können auch in einer schweren Grillpfanne zubereitet werden. Auf beiden Seiten gut bräunen.

Auberginensalat mit gegrilltem Rindfleisch.

Hinweis:
Nur Auberginen mit dunkler, glänzender Haut und festem Fruchtfleisch sind frisch. Durch das Salzen verliert die Aubergine ihren bitteren Geschmack.

Thunfischsalat mit Knoblauchmayonnaise

Vorbereitungszeit: 25 Min.
Gesamtkochzeit: 10 Min.
Für 6 Personen

6 kleine, rote Kartoffeln, geschält
150 g Zuckerschoten
1 Bund Spargel
250 g Kirschtomaten
850 g Thunfisch aus der Dose, abgetropft

Knoblauchmayonnaise
3 Eigelb
1 Knoblauchzehe, zerdrückt
1/2 TL feingemahlener Dijon-Senf
2 EL Zitronensaft
250 ml Olivenöl

1 Kartoffeln in 2 cm große Würfel schneiden und kochen, bis sie gerade gar sind. Abgießen und beiseite stellen. Zuckerschoten 1 Min. blanchieren, abgießen und in Eiswasser tauchen. Abtropfen lassen und beiseite stellen. Spargel schälen, holzige Enden entfernen und wie mit den Zuckerschoten verfahren.
2 Für die Knoblauchmayonnaise Eigelb, Knoblauch, Senf und Zitronensaft in eine Rührschüssel geben. Mit dem Handrührgerät etwa 1 Min. lang glattrühren. Öl teelöffelweise dazugeben und dabei ständig weiterrühren, bis die Mischung dick und cremig ist. Je dicker die Mayonnaise wird, desto schneller kann das Öl hinzugefügt werden. Ununterbrochen weiterrühren, bis das gesamte Öl eingearbeitet ist.
3 Kartoffeln, Zuckerschoten, Spargel, Tomaten und Thunfischstücke auf 6 Tellern anrichten und auf jeden Teller einen Eßlöffel Mayonnaise geben. Sofort servieren.

Schweinefleischsalat süß-sauer

Vorbereitungszeit: 25 Min. + 2 Std. Marinierzeit
Gesamtkochzeit: 10 Min.
Für 4 Personen

500 g Schweinefilet
2 EL Sojasauce
1 EL Honig, erwärmt
1 EL trockener Sherry
1 EL Erdnußöl
200 g Chinakohl, feingehobelt
1 Möhre, geraspelt
2 Frühlingszwiebeln, diagonal in feine Ringe geschnitten
440 g Ananasstücke aus der Dose, abgetropft (1 EL Saft aufbewahren)
zusätzlich 1 EL Erdnußöl
2 EL Weißweinessig
1/2 TL brauner Zucker

1 Fleisch von Fett und Sehnen befreien. In eine Schüssel geben. Sojasauce, Honig und Sherry in ein kleines Schraubglas füllen und gut schütteln.
2 Über das Fleisch gießen. Fleisch in der Marinade wenden. Mit Frischhaltefolie abdecken und im Kühlschrank mindestens 2 Std. ziehen lassen. Gelegentlich wenden.
3 Öl in einer schweren Pfanne erhitzen und Fleisch hinzugeben. Bei mittlerer Hitze 10 Min. braten. Dabei immer wieder wenden, damit es von allen Seiten braun wird. Auf eine Platte legen und lose mit Folie bedecken. Nach dem Abkühlen aufschneiden.
4 Chinakohl, Möhre, Frühlingszwiebeln und Ananas in eine große Schüssel geben. Öl, Essig, braunen Zucker und Ananassaft in ein kleines Schraubglas geben und gut schütteln. Über den Salat gießen und vorsichtig mischen. Salat auf 4 Teller verteilen und Fleischscheiben obendrauflegen. Sofort servieren.

Tip: Für Salate asiatischer Art niemals Olivenöl verwenden.

Thunfischsalat mit Knoblauchmayonnaise (oben) und Schweinefleischsalat süß-sauer.

Roastbeef-Salat

Vorbereitungszeit: 20 Min.
Gesamtkochzeit: 1 Min.
Für 4 Personen

75 g Endiviensalat
100 g Zuckerschoten, in 3 cm lange Stücke geschnitten
150 g aufgeschnittenes, rohes Roastbeef
1 kleine rohe Rote Bete, in streichholzgroße Stifte geschnitten
2 EL Saure Sahne
2 EL Olivenöl
2 TL geschroteter Senf

1 Endivie gründlich waschen und abtrocknen. Zuckerschoten 1 Min. blanchieren, abgießen und in Eiswasser tauchen. Gut abtropfen lassen.
2 Roastbeefscheiben in Streifen schneiden. Endivie auf 4 Teller verteilen, Zuckerschoten, Rote Bete und Roastbeefstreifen darauf anrichten.
3 Saure Sahne, Öl und Senf verrühren, bis die Masse glatt ist. Auf jeden Teller einen Löffel Sauce geben und sofort servieren.

Tip: Rote Bete raspeln, statt sie in Stifte zu schneiden.

Tomaten-Mozzarella-Toasts

Vorbereitungszeit: 20 Min.
Gesamtkochzeit: 5 Min.
Für 4 Personen

2 Tomaten
250 g Mozzarella
1 kleine rote Zwiebel
8 dicke Scheiben französisches oder italienisches rundes Weißbrot
1 EL Olivenöl
1 TL Balsamessig
2 TL Basilikum, in feine Streifen geschnitten

1 Tomaten, Mozzarella und Zwiebel in etwa gleich starke, dünne Scheiben schneiden.
2 Beide Seiten der Brotscheiben mit Öl bepinseln und unter dem Grill rösten, bis sie goldbraun sind.
3 Tomaten, Mozzarella und Zwiebel so auf dem Toast anrichten, daß sie den Brotrand überlappen. Mit Essig beträufeln und mit Basilikum bestreuen. Sofort servieren.

Tip: Mozzarella ist ein milder, halbfester italienischer Käse, der leicht schmilzt. Traditionell wird er aus Büffelmilch hergestellt. Die meisten heute erhältlichen Sorten haben Kuhmilch als Basis.

Im Uhrzeigersinn von oben: Tomaten-Mozzarella-Toasts, Weihnachtssalat (S. 32) und Roastbeef-Salat.

Weihnachtssalat

Vorbereitungszeit: 20 Min.
Gesamtkochzeit: Keine
Für 4 Personen

1 Kopfsalat
200 g gekochter Schinken in Scheiben
1/2 Warzenmelone oder Honigmelone
2 EL Öl
1 EL Zitronensaft
1/2 TL fein gemahlener Dijon-Senf
1 EL gehackter, frischer Schnittlauch

1 Salat gründlich waschen und abtrocknen. In mundgerechte Stücke zerpflücken und in eine Servierschüssel geben. Schinken in 2 cm breite Streifen schneiden. Mit einem Kugelausstecher kleine Kügelchen aus der Melone ausstechen. Schinkenstreifen und Melone zu dem Salat geben.

2 Restliche Zutaten in ein kleines Schraubglas füllen und gut schütteln. Die Sauce über den Salat träufeln und vorsichtig unterziehen. Sofort servieren.

Tip: Für den Salat Reste vom Festtagsschinken verwenden.

Marinierter Tintenfischsalat

Vorbereitungszeit: 25 Min. + 1 Std. Marinierzeit
Gesamtkochzeit: 10 Min.
Für 4-6 Personen

800 g kleine Tintenfische
4 EL Olivenöl
2 Knoblauchzehen, zerdrückt
1 rote Paprikaschote, fein gehackt
1 EL thailändische süße Chilisauce
2 EL gehackter, frischer Koriander
2 EL Zitronensaft

1 Tintenfische putzen. Dazu den Kopf abschneiden, den Körper in die Hand nehmen und mit dem Zeigefinger den Knorpel hochdrücken. Entfernen und wegwerfen. Tintenfisch gründlich unter fließendem Wasser reinigen. Tintenfische, Öl und Knoblauch in einer großen Schüssel mischen. Mit Frischhaltefolie bedecken und 1-2 Std. ziehen lassen.
2 Eine große Bratpfanne erhitzen oder den Grill aufheizen. Tintenfische bei starker Hitze (eventuell in 2 Portionen) etwa 3-5 Min. braten, bis sie gar sind. Auf Küchenpapier gut abtrocknen lassen.
3 Restliche Zutaten in einer Servierschüssel verrühren, Tintenfisch hineingeben und mit der Sauce mischen. Warm oder kalt servieren.

Marinierter Tintenfischsalat.

1. Für den Marinierten Tintenfischsalat mit einem kleinen Messer den Kopf entfernen.

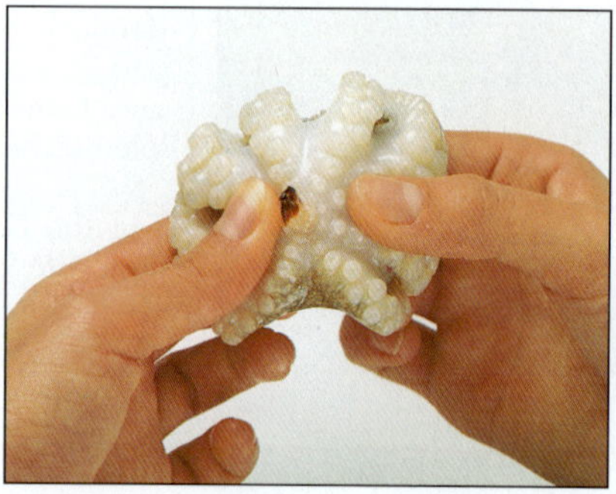

2. Mit dem Zeigefinger den Knorpel hochdrücken. Entfernen und wegwerfen.

3. Marinierten Tintenfisch auf dem Grill oder in einer großen Bratpfanne braten.

4. Tintenfisch zu einer Mischung aus Paprika, Chilisauce, Koriander und Zitronensaft geben.

Tofusalat asiatische Art

Vorbereitungszeit: 20 Min. + 1 Std. Marinierzeit
Gesamtkochzeit: Keine
Für 4 Personen

2 TL thailändische süße Chilisauce
1/2 TL gemahlener Ingwer
1 Knoblauchzehe, zerdrückt
2 TL Sojasauce
2 EL Öl
250 g fester Tofu
100 g Zuckerschoten, in 2 cm lange Stücke geschnitten
2 kleine Möhren, in streichholzgroße Stifte geschnitten
100 g Rotkohl, feingehobelt
2 EL gehackte Erdnüsse

1 Chilisauce, Knoblauch, Ingwer, Sojasauce und Öl in ein kleines Schraubglas geben und gut schütteln. Tofu in 2 cm große Stücke schneiden und in eine Schüssel geben. Sauce darübergießen und gut mischen. Mit Frischhaltefolie abdecken und 1 Std. in den Kühlschrank stellen.
2 Zuckerschoten 1 Min. blanchieren, abgießen und in Eiswasser tauchen. Gut abtropfen lassen.
3 Zuckerschoten, Möhren und Kohl zum Tofu geben und vorsichtig mischen. Auf 4 Tellern oder in einer Servierschüssel anrichten, mit Nüssen bestreuen und sofort servieren.

Tip: Tofu ist fermentierter Sojabohnenquark. Sie erhalten ihn in Naturkostläden und in asiatischen Lebensmittelgeschäften.

Kichererbsen-Oliven-Salat

Vorbereitungszeit: 20 Min. + Einweichen über Nacht
Gesamtkochzeit: 25 Min.
Für 6 Personen

400 g getrocknete Kichererbsen
1 kleine Salatgurke
2 Tomaten
1 kleine rote Zwiebel
3 EL gehackte, frische Petersilie
125 g schwarze Oliven, entsteint
1 EL Zitronensaft
3 EL Olivenöl
1 Knoblauchzehe, zerdrückt
1 TL Honig

1 Kichererbsen in eine große Schüssel geben, mit Wasser bedecken und über Nacht quellen lassen. Kichererbsen abgießen und mit frischem Wasser etwa 25 Min. kochen, bis sie gar sind. Abtropfen und erkalten lassen.
2 Gurke längs halbieren, Kerne entfernen und in 1 cm dicke Scheiben schneiden. Tomaten in kichererbsengroße Würfel schneiden, Zwiebel feinhacken. Kichererbsen, Tomaten, Zwiebeln, Petersilie und Oliven in eine Servierschüssel geben.
3 Zitronensaft, Öl, Knoblauch und Honig in ein kleines Schraubglas geben und gut schütteln. Über den Salat gießen und vorsichtig vermischen. Zimmerwarm servieren.

Tip: Dieser Salat kann bis zu zwei Tage vor dem Verzehr zubereitet werden. Zugedeckt im Kühlschrank aufbewahren. Vor dem Servieren auf Zimmertemperatur erwärmen. Statt getrockneter Kichererbsen können auch Kichererbsen aus der Dose verwendet werden, die aber nicht gekocht werden dürfen.

Kichererbsen-Oliven-Salat (oben) und Tofusalat asiatische Art.

Lammsalat mit Minze.

Lammsalat mit Minze

Vorbereitungszeit: 25 Min.
Gesamtkochzeit: 10 Min.
Für 4 Personen

500 g Lammfilet
1 EL Olivenöl
1 roter Pflücksalat
60 g gelbe, birnenförmige Tomaten
60 g Kirschtomaten
zusätzlich 3 EL Olivenöl
1 EL Weißweinessig
1/2 TL feingemahlener Dijon-Senf
1 EL gehackte frische Minze
1/2 TL Zucker
100 g Halloumi-Käse (siehe Tip)
zusätzlich 1 EL Olivenöl

1 Fleisch von Fett und Sehnen befreien. Öl in einer schweren Pfanne erhitzen und Fleisch hineingeben. Bei mittlerer Hitze braten, dabei häufig wenden. Nicht länger als 7-8 Min. braten (medium); das Fleisch sollte in der Mitte noch rosa sein. Auf einen Teller legen und lose mit Folie bedecken. Abkühlen lassen, dann diagonal in Scheiben schneiden.
2 Salat gründlich waschen und abtrocknen und in mundgerechte Stücke zerpflücken. Auf 4 Teller verteilen und Tomaten und Lammfleisch darauf anrichten. Öl, Essig, Senf, Minze und Zucker in ein kleines Schraubglas geben und gut schütteln.
3 Käse abtropfen lassen und in 1 cm dicke und 4 cm lange Stücke schneiden. Mit Küchenpapier trockentupfen. Zusätzliches Olivenöl in eine Pfanne geben und Käse darin bei mittlerer Hitze etwa 2 Min. braten, bis er goldbraun ist. Dabei gelegentlich wenden. Warmen Käse auf dem Salat anrichten; Sauce erneut kurz schütteln, über den Salat träufeln und sofort servieren.

Birnen-Brie-Salat.

Tip: Halloumi ist ein fester, salziger weißer Käse aus Zypern, der gegrillt oder gebraten köstlich schmeckt. Er schmilzt nicht und klebt nicht an der Pfanne fest. Er ist in griechischen und zyprischen Feinkostgeschäften und in einigen Supermärkten erhältlich. Als Ersatz ist Feta geeignet; Feta aber nicht braten.

Birnen-Brie-Salat

Vorbereitungszeit: 15 Min.
Gesamtkochzeit: Keine
Für 4 Personen

200 g Brie, zimmerwarm
3 Birnen
1 grüner oder roter Kopfsalat
3 EL Öl
1 EL Estragonessig
50 g gehackte Pekannüsse

1 Brie in dünne Keile schneiden. Birnen vierteln, Kerngehäuse entfernen und in dünne Scheiben schneiden. Nicht schälen.
2 Salat gründlich waschen und abtrocknen. In mundgerechte Stücke zerpflücken und auf 4 Teller verteilen. Birnen und Brie darauf anrichten.
3 Öl und Essig in ein kleines Schraubglas geben und gut schütteln. Die Sauce über den Salat träufeln und mit den Nüssen bestreuen. Sofort servieren.

Tip: Statt Brie kann auch ein Camembert verwendet werden. Der Käse sollte beim Verzehr unbedingt zimmerwarm sein. Reifer Camembert hat das beste Aroma.

Würziger Tomatensalat mit Würstchen

Vorbereitungszeit: 25 Min. + 1 Std. Kühlzeit
Gesamtkochzeit: 12 Min.
Für 4 Personen

3 Tomaten, in 1 cm große Würfel geschnitten
1 rote Zwiebel, fein gehackt
1 kleine grüne Paprikaschote, in 1 cm große Würfel geschnitten
2 EL gehackter, frischer Koriander
einige Tropfen Tabasco
8 dicke Knoblauchwürstchen mit Kräutern

1 Tomaten, Zwiebeln, Paprika, Koriander und Tabasco in eine Schüssel geben. Eine Std. im Kühlschrank kalt stellen. Vor dem Servieren sollte die Mischung wieder zimmerwarm sein.
2 Die Würstchen mit einer Gabel überall einstechen. Grillen oder in der Pfanne bei mittlerer Hitze etwa 12 Min. braten, bis sie gar sind. Dabei häufig wenden. Abkühlen lassen und in 2 cm dicke Scheiben schneiden.
3 Würstchen und Tomatenmischung auf einer Servierplatte anrichten und mit Krustenbrot servieren.

Putensalat mit Preiselbeersauce

Vorbereitungszeit: 15 Min.
Gesamtkochzeit: Keine
Für 4 Personen

125 g Brunnenkresse
500 g kaltes Putenfleisch in Scheiben
2 kleine Orangen
2 EL Preiselbeersauce
1 EL Öl
1 TL Weißweinessig
2 EL gehackte Pistazien

1 Kresse gründlich waschen und abtrocknen. In große Zweige brechen; dicke Stengel entfernen. Auf eine Servierplatte legen.
2 Putenfleischscheiben in der Mitte der Kresse anrichten. Orangen schälen und weiße Membran entfernen. In Scheiben schneiden und um das Putenfleisch legen. Preiselbeersauce mit Öl und Essig verrühren und über das Fleisch träufeln. Mit gehackten Pistazien bestreuen und sofort servieren.

Tip: In diesem Salat können Sie hervorragend die Reste eines Putenbratens verwerten. Brustfleisch hat das beste Aroma.

Würziger Tomatensalat mit Würstchen (links) und Putensalat mit Preiselbeersauce.

Eier-Spinatsalat

Vorbereitungszeit: 20 Min.
Gesamtkochzeit: 8 Min.
Für 4 Personen

2 Scheiben Vollkornbrot
2 TL Öl
8 große Spinatblätter, in feine Streifen geschnitten
150 g Blätter einer anderen Salatsorte, in feine Streifen geschnitten
3 Frühlingszwiebeln, in feine Ringe geschnitten
2 EL Vinaigrette (siehe S. 5)
100 g kleine Champignons, in Scheiben geschnitten
3 hartgekochte Eier, geschält und geviertelt

1 Ofen auf 180 °C vorheizen. Für die Croutons die Rinde vom Brot entfernen; Brot mit Öl bepinseln. Brote halbieren und in kurze, fingerdicke Stücke schneiden. Auf einem Backblech etwa 8 Min. backen, bis sie goldbraun sind. Zum Abkühlen beiseite stellen.
2 Gemüse in eine Servierschüssel geben. Sauce hinzufügen und leicht unterheben. Eier und Croutons dazugeben, alles vorsichtig mischen und sofort servieren.

Duftender Reissalat

Vorbereitungszeit: 25 Min.
Gesamtkochzeit: 10 Min.
Für 4 Personen

250 g Basmatireis oder thailändischer Duftreis
2 Möhren, diagonal in Scheiben geschnitten
1 grüne Paprikaschote, in kurze, dünne Streifen geschnitten
200 g kleine Maiskölbchen aus der Dose, in 2 cm lange Stücke geschnitten
2 Frühlingszwiebeln, in Ringe geschnitten
150 g Schweinefleisch, auf chinesische Art mariniert, gegrillt und in dünne Scheiben geschnitten
2 EL Erdnußöl
1 EL Sesamöl
2 TL Zitronensaft
2 TL Sojasauce

1 Reis gar kochen. Abgießen, mit kaltem Wasser abspülen und gründlich abtropfen lassen.
2 Reis, Gemüse und Schweinefleisch in eine Servierschüssel geben. Restliche Zutaten in ein kleines Schraubglas geben und gut schütteln. Über den Salat gießen und untermengen. Sofort servieren.

Tip: Das Schweinefleisch ist in chinesischen Lebensmittelgeschäften erhältlich.

Eier-Spinatsalat (links) und Duftender Reissalat.

Penne-Salat mit getrockneten Tomaten

Vorbereitungszeit: 20 Min.
Gesamtkochzeit: 10 Min.
Für 6 Personen

500 g Penne (Röhrennudeln)
1 EL Olivenöl
150 g getrocknete Tomaten, abgetropft
125 g frische Basilikumblätter
125 g entsteinte schwarze Oliven, halbiert
zusätzlich 2 EL Olivenöl
2 TL Weißweinessig
1 Knoblauchzehe, halbiert
60 g Parmesan in hauchdünnen Scheiben

1 Nudeln bißfest kochen. Abgießen, unter kaltem Wasser abspülen und abtropfen lassen. In einer großen Schüssel mit dem Öl vermischen.
2 Getrocknete Tomaten in dünne Scheiben schneiden. Basilikum in kleine Stücke zerpflücken. Mit den Oliven unter die Nudeln mischen.
3 Das zusätzliche Öl, Essig und Knoblauch in ein kleines Schraubglas geben und gut schütteln. 5 Min. stehen lassen, dann Knoblauch herausnehmen. Erneut schütteln und über den Salat gießen. Vorsichtig unterheben. Mit Parmesanscheiben garnieren und sofort servieren.

Tip: Getrocknete Tomaten in Öl sind in Feinkostgeschäften und einigen Supermärkten erhältlich.

Nachos-Salat

Vorbereitungszeit: 20 Min.
Gesamtkochzeit: Keine
Für 4 Personen

440 g rote Bohnen aus der Dose
1 große Tomate, in 1 cm große Würfel geschnitten
125 ml milde Salsa (siehe Tip)
280 g einfache Tortillachips (Maischips)
8 Salatblätter, in feine Streifen geschnitten
1 kleine Avokado, in Scheiben geschnitten
20 g mittelalter Gouda, gerieben

1 Bohnen über einem Sieb abgießen und unter fließendem Wasser abspülen. Gut abtropfen lassen und mit Tomate und Salsa vermischen.
2 4 Teller mit Tortillachips auslegen, Salatstreifen und Bohnenmischung darauflegen und mit dem Käse bestreuen. Sofort servieren.

Tip: Salsa (eine milde oder scharfe Tomaten-Zwiebel-Sauce) ist in Supermärkten als Fertigprodukt im Glas erhältlich.

Hüttenkäse-Salat

Vorbereitungszeit: 10 Min.
Gesamtkochzeit: Keine
Für 4 Personen

12 Scheiben Roggenknusperbrot
16 rote Blätter Eichblattsalat
2 EL gehackter, frischer Schnittlauch
500 g Hüttenkäse
200 g blaue Trauben
1 Möhre, geraspelt
60 g Alfalfasprossen

1 Salat gründlich waschen und abtrocknen. Schnittlauch und Hüttenkäse mischen. Mit den anderen Zutaten auf 4 Tellern anrichten und auf jeden Teller 3 Scheiben Knusperbrot legen. Sofort servieren.

Tip: Roggenknusperbrot ist eine Art Knäckebrot, die in Supermärkten erhältlich ist.

Pennesalat mit getrockneten Tomaten (oben), Nachos-Salat und Hüttenkäse-Salat.

Muschelsalat mit Limone und Ingwer

Vorbereitungszeit: 20 Min.
Gesamtkochzeit: 2 Min.
Für 4 Personen

400 g Muscheln
1 EL Erdnußöl
zusätzlich 3 EL Erdnußöl
1 EL Limonensaft
1 TL gemahlener Ingwer
1/2 TL Honig
1 EL gehackter, frischer Koriander
3 Zucchini, in streichholzgroße Stifte geschnitten
2 Möhren, in streichholzgroße Stifte geschnitten
2 Frühlingszwiebeln, diagonal in 1 cm dicke Ringe geschnitten

1 Muscheln waschen und braunen Faden entfernen. Mit Papiertüchern trockentupfen. Öl in einer schweren Pfanne erhitzen. Muscheln bei starker Hitze etwa 2 Min. braten, bis sie goldbraun sind. Dabei einmal wenden. Aus der Pfanne nehmen und warm halten.
2 Zusätzliches Öl, Limonensaft, Ingwer, Honig und Koriander in ein kleines Schraubglas geben und gut schütteln.
3 Auf 4 Tellern ein Gemüsebett auslegen und die Muscheln obendrauf legen. Sauce darübergießen und sofort servieren.

Frühlingsnudelsalat

Vorbereitungszeit: 25 Min.
Gesamtkochzeit: 11 Min.
Für 6 Personen

500 g dreifarbige Spiralnudeln
1 EL Olivenöl
200 g Brokkoli, in Röschen unterteilt
160 g kleiner, gelber Squash-Kürbis
2 kleine Möhren, diagonal in Scheiben geschnitten
250 g Kirschtomaten, halbiert
2 EL Zitronensaft
3 EL Öl
2 EL gehackte, frische Petersilie

1 Nudeln bißfest kochen. Abgießen, unter kaltem Wasser abspülen und abtropfen lassen. In einer großen Servierschüssel mit 1 EL Öl vermischen.
2 Brokkoli und Kürbis 1 Min. blanchieren, abgießen und in Eiswasser tauchen. Gut abtropfen lassen. Mit Möhren und Tomaten zu den Nudeln geben.
3 Zitronensaft und Öl in ein kleines Schraubglas geben und gut schütteln. Über den Salat gießen, Petersilie hinzufügen und gut vermischen. Zimmerwarm servieren.

Warmer Nudel-Krebsfleischsalat

Vorbereitungszeit: 20 Min.
Gesamtkochzeit: 10 Min.
Für 6 Personen

200 g Spaghetti
2 EL Olivenöl
30 g Butter
600 g Krebsfleisch aus der Dose, abgetropft
1 große rote Paprikaschote, in dünne Streifen geschnitten
2 TL abgeriebene Zitronenschale
60 g gemahlener Parmesan
2 EL gehackter Schnittlauch
60 g gehackte, frische Petersilie
schwarzer Pfeffer aus der Mühle

1 Spaghetti in der Mitte durchbrechen und bißfest kochen. Abgießen.
2 Spaghetti in eine große Servierschüssel geben und mit Öl und Butter vermischen. Restliche Zutaten untermengen. Mit Pfeffer bestreuen und warm servieren.

Tip: Statt Krebsfleisch aus der Dose 500 g frisches Krebsfleisch verwenden.

Muschelsalat mit Limone und Ingwer (oben), Frühlingsnudelsalat und Warmer Nudel-Krebsfleischsalat.

Beilagensalate

Beilagensalate dienen der Ergänzung oder dem Kontrast zum Hauptgang einer Mahlzeit. Weichen oder flüssigen Gerichten verleihen sie einen knackigen, knusprigen Aspekt; bei cremigen, milden Gerichten können sie etwas Würze beisteuern und bei scharfen Speisen wie eine gaumenreinigende Erfrischung wirken. Sie reichern eine Mahlzeit mit Vitaminen und Mineralien an oder bieten einfach einen farblichen oder strukturellen Kontrast.

Gemischter Grüner Salat

Vorbereitungszeit: 15 Min.
Gesamtkochzeit: Keine
Für 6-8 Personen

3 große Blätter Römischer Salat
4 große Blätter Kopfsalat
10 Blätter Roter Eichblattsalat
60 g Zuckerschotensprossen
1 Salatgurke
250 g Kirschtomaten
2 EL Zitronensaft
3 EL Olivenöl
1 Knoblauchzehe, zerdrückt
1 TL brauner Zucker
1 EL feingehackter, frischer Koriander

1 Salat gründlich waschen und abtrocknen. In mundgerechte Stücke zerpflücken. Zuckerschotensprossen putzen.
2 Gurke diagonal in dünne Scheiben schneiden. Kirschtomaten halbieren. Salat und Gemüse in eine große Servierschüssel geben.
3 Restliche Zutaten in ein kleines Schraubglas geben und gut schütteln. Sauce über den Salat träufeln, vorsichtig unterheben und sofort servieren.

Tip: Mit 2 EL gerösteten Pinienkernen bestreuen.

Gemischter Grüner Salat (oben) und Warmer Kartoffelsalat (S. 48).

GOLDMANN

In der Reihe Goldmann Farbige Ratgeber
sind bisher folgende Bände erschienen:

Ganz ohne Fleisch. Gesund mit vegetarischer Küche (10250)
Stricken. Die neue Strickschule (10251)
Pasta-Buch. Die schönsten Nudelgerichte (10252)
Backen. Kuchen, Torten und Gebäck (10253)
Schöne Strickmodelle. (10254)
Diät. Schlank, gesund, schön (10255)
Naturapotheke. Rezepte von Mutter Natur (10256)
Balkon, Terrasse, Blumenkästen (10258)
Einmachen. Süßes und Pikantes aus Obst und Gemüse (10259)
Der Intensivgarten. Hoher Ertrag auf kleinstem Raum (10261)
Mein Kräuterbuch. Für Küche und Gesundheit (10262)
Häkeln. Die neue Häkelschule mit vielen Anregungen (10263)
Biologischer Nutzgarten.
Giftfreier Anbau von Obst und Gemüse (10264)
Wasser im Garten. Das Feuchtbiotop – Anlage und Pflege (10265)
Das Gemüsekochbuch. Von Artischocke bis Zucchini (10266)
Das Kartoffel-Kochbuch. (10268)
Marmeladen, Konfitüren, Gelees (10269)
Das Lamm-Kochbuch. (10270)
Das Fisch-Kochbuch. Von Aal bis Zander (10271)
Das Auflaufbuch. Rezepte – mal süß, mal pikant (10272)
Cocktails und Drinks.
Köstliche Rezepte mit und ohne Alkohol (10273)
Der Naturgarten (10275)
Der Steingarten (10276)
Der kleine Garten (10277)
Der Wintergarten (10278)
Das Honigbuch (10279)
Gesund durch Ballaststoffe (10280)
Richtig salzen. Gesund und schlank mit Salz (10281)
Mein Rosengarten (10282)
Das Schokoladenbuch (10283)
Hülsenfrüchte (10284)
Das Vollkorn-Kochbuch (10285)

Der farbige Ratgeber

Das GEMÜSE Kochbuch

Von Artischocke bis Zucchini

Mit

freundlicher Empfehlung

Ihr

Nattermann-Mitarbeiter

GOLDMANN VERLAG

Redaktion: Dr. Renate Zeltner
Layout: Sebastian Strohmaier

Sonderauflage

Made in Germany · 1/88

Umschlaggestaltung: Design Team München
Umschlagfoto: Bertelsmann Bildarchiv
Satz: Filmsatz Schröter GmbH, München
Druck: Georg Appl, Wemding
Bindung: Augsburger Industrie-Buchbinderei GmbH
Verlagsnummer: 10266
CR · Herstellung: Sebastian Strohmaier
ISBN 3-442-10266-9

Inhalt

Gemüse der 4 Jahreszeiten

Es braucht kein eingefleischter Vegetarier zu sein, wer eine Leidenschaft fürs Gemüse hegt und diese gebührend pflegt.
Die Vielfalt von Gemüsen, wie sie auf unseren Märkten angeboten werden, erlaubt eine Fülle von Zubereitungsmöglichkeiten und Variationen. Man könnte nicht nur ein Jahr lang täglich Gemüse auf dem Küchenzettel haben, ohne sich ein einziges Mal zu wiederholen.
Die Gemüse der 4 Jahreszeiten ermöglichen uns, im Frühling, Sommer, Herbst und Winter jeweils die frischen Produkte der Saison auf dem Teller zu haben, Spargel im Mai und Juni, Rosenkohl im Oktober und knackigen Grünkohl nach dem ersten Frost. Dazu kommen die pflanzlichen Genüsse aus Frühbeeten und Treibhäusern und – nicht zu vergessen – all das, was wir uns nach der Ernte, also während der jeweiligen Gemüsesaison, in Keller oder Tiefkühltruhe für die gemüsearme Zeit konserviert haben.
Viele Gemüse und praktisch alle Kräuter kann man sich sogar selber ziehen, wenn man ein Stückchen Garten oder auch nur einen Balkon, eine Terrasse sein eigen nennt. Tomaten aus eigener Ernte, Petersilie und Basilikum für die Gemüsezubereitung frisch vom Kräuterbeet schmecken ja soviel aromatischer und köstlicher als die blankpolierten und eingeschweißten Früchte aus dem Supermarkt.
Damit Ihnen die Ideen für Gemüsegerichte nicht ausgehen, sind in diesem Buch klassische und neue Rezepte für alle Gemüsearten, für Blatt- und Wurzelgemüse, für Zwiebel- und Fruchtgemüse, für Hülsenfrüchte und exotische Besonderheiten nachzuschlagen.
So mag sich manch einer, der des allzu üppigen Fleischgenusses überdrüssig ist, künftig »Artischocken Bordelaises«, »Schalotten gedünstet«, »Blattspinat überbacken« oder »Champagnerkraut« auf der Zunge zergehen lassen.

Sämtliche Rezepte sind, wenn nichts anderes angegeben ist, für 4 Personen berechnet.

Blattgemüse

Artischocken alla Romana

4 Artischocken,
Saft einer Zitrone,
1 Eßlöffel Semmelbrösel,
Salz,
Pfeffer,
1 Blättchen Minze,
1 Teelöffel gehackte Petersilie,
4 Sardellenringe,
½ Tasse Olivenöl.

Von den Artischocken die äußeren Blätter entfernen. Von den übrigen Blättern die Spitzen abschneiden. Stiel 3 cm lang lassen. In Wasser, dem etwas Zitronensaft zugesetzt ist, waschen. Abtrocknen. Oben einen kleinen Deckel abschneiden und die Artischocken etwas aushöhlen. Semmelbrösel zwischen die Blätter streuen. In die Mitte Salz, Pfeffer, gehackte Minze, gehackte Petersilie und in kleine Stücke geschnittene Sardellenringe geben. Mit dem Stiel nach oben in einen Topf setzen. Ganz wenig Wasser und das Öl angießen. Topf zudecken. Bei kleiner Flamme in 30 Minuten weichdünsten. Auf einer Platte anrichten. Warm, kalt oder lauwarm servieren.
Vorbereitung: 25 Minuten.
Zubereitung: 30 Minuten.
Dazu paßt eine kalte Tomatensoße oder Knoblauchsoße sowie Stangenweißbrot.

Artischocken Bordelaises

4 große Artischocken,
Saft einer Zitrone,
500 g Rindsknochen,
je ¼ l Wasser und Rotwein,
1 Bund Suppengrün,
Pfeffer, Salz,
30 g Butter, 30 g Mehl,
½ Glas Rotwein,
1 Eßlöffel Tomatenmark,
Cayennepfeffer, 1 Knoblauchzehe,
10 g Butter,
1 Markknochen.

Artischocken sorgfältig waschen, abtrocknen, mit Zitronensaft beträufeln. Knochen in kaltem Wasser und Rotwein aufstellen. Langsam zum Kochen bringen. Geputztes, zerkleinertes Suppengrün dazugeben. Pfeffern und salzen. 15 Minuten kochen. Artischocken im Dämpftopf über dieser Suppe in 30 Minuten gar dämpfen. Danach äußere Blätter, Deckel und Heu (die inneren Fasern) entfernen. In einer Schüssel anrichten. Warmstellen. Butter erhitzen. Mehl darin bräunen, mit Rotwein angießen. Knochenbrühe durch ein Tuch gießen. Dazugeben. Tomatenmark einrühren. Mit Cayennepfeffer und wenn nötig mit etwas Salz abschmecken. Knoblauchzehe schälen, ganz fein würfeln, kurz in einem Pfännchen in Butter wenden, aber nicht anbräunen lassen. Das grob gewürfelte Knochenmark kurz in der Butter erhitzen. Die Masse in die Artischocken füllen. Soße darübergießen.
Vorbereitung: 35 Minuten.
Zubereitung: 45 Minuten.

Artischockenböden Costa Brava

8 Artischockenböden aus der Dose,
Saft einer Zitrone,
125 g Hackfleisch vom Rind,
1 Zwiebel,
Salz, 1 Knoblauchzehe,
einige Rosmarinnadeln,
je 1 Teelöffel gehackte Petersilie und gehackter Kerbel,
Cayennepfeffer, Salz,
Fett für die Form
500 g Tomaten,
40 g Butter, Knoblauchsalz.

Artischockenböden abtropfen lassen. Mit Zitronensaft beträufeln. Hackfleisch mit der feingewürfelten Zwiebel und der mit Salz zerdrückten Knoblauchzehe, Rosmarin, Petersilie und Kerbel mischen. Mit Cayennepfeffer und Salz abschmecken. Feuerfeste Glasform fetten.
Tomaten mit kochendem Wasser übergießen, die Haut abziehen, den Stielansatz ausschneiden. Tomaten in Würfel schneiden. In die Form geben. Darauf die Artischockenböden setzen. Fleischteig gleichmäßig darauf verteilen. Butter in Flöckchen darübergeben. Mit Knoblauchsalz (aus dem Reformhaus) bestreuen. In den Backofen schieben.
Backzeit: 20 Minuten.
Elektroherd: 220 Grad.
Gasherd: Stufe 5 oder ½ große Flamme.
Vorbereitung: 20 Minuten.
Kalorien pro Person: 118.

Artischockenböden Toselli

8 Artischockenböden aus der Dose,
1 kleine Dose Hummerfleisch.

Artischockenböden Costa Brava ruhen auf einem Tomatenbett und haben eine köstliche Füllung.

Besonders edel: Artischockenböden Toselli.

Für die Béchamelsoße:
20 g Butter,
20 g Mehl,
Salz,
weißer Pfeffer,
¼ l Milch,
geriebener Muskat,
8 Teelöffel frisch geriebener Parmesankäse.

Artischockenböden abtropfen lassen. Mit Hummerfleisch füllen. Auf eine feuerfeste Platte setzen. Für die Béchamelsoße die Butter erhitzen. Mehl zugeben und unter Rühren Farbe nehmen lassen. Salzen, pfeffern, Milch zugießen. Die Soße zu einer cremigen Masse rühren. Mit Muskat abschmecken. Über die Artischockenböden verteilen. Mit Parmesankäse bestreuen. Die Form in den Backofen schieben und auf der zweiten Schiebeleiste von unten backen.

Backzeit: 10 Minuten.
Elektroherd: 220 Grad.
Gasherd: Stufe 5 oder ½ große Flamme.
Vorbereitung: 10 Minuten.

Blumenkohl gebacken

1 Blumenkohl,
Salz,
30 g Butter, 30 g Mehl,
knapp ⅛ l Milch,
3 Eßlöffel Blumenkohlbrühe,
abgeriebener Muskat,
1 Eigelb,
2 Eßlöffel Sahne,
100 g Semmelbrösel,
2 Eier, Öl zum Fritieren.

Blumenkohl waschen, putzen, in Röschen teilen. In kochendes, leicht gesalzenes Wasser geben. In 10 Minuten nicht zu weich kochen. Der Blumenkohl soll noch Biß haben. Abtropfen lassen. Butter in einem Topf erhitzen. Mehl einrühren und leicht Farbe nehmen lassen. Mit Milch und Blumenkohlbrühe auffüllen. 7 Minuten kochen. Mit Salz und Muskat abschmecken. Eigelb mit Sahne verrühren. Unter Rühren in die Soße geben. Nicht mehr kochen lassen. Blumenkohlröschen erst in der Soße, dann in Semmelbröseln und verquirlten Eiern wenden. Im 175 Grad heißen Fett fritieren.
Vorbereitung: 25 Minuten.
Zubereitung: 40 Minuten.

Blumenkohl-Salat mit Kresse

1 mittelgroßer Blumenkohl,
Salz.
Für die Marinade:
2 Eßlöffel Öl,
3 Eßlöffel Essig,
Salz,
weißer Pfeffer,
1 Prise Muskat,
1 Schale Kresse,
1 Bund Schnittlauch.

Blumenkohl putzen. In Röschen teilen.
In leicht gesalzenem Wasser in 15 Minuten knackig kochen. Abtropfen und abkühlen lassen.
Aus Öl, Essig, Salz, Pfeffer und Muskat eine Marinade rühren. Kresse mit der Küchenschere abschneiden und waschen. Abtropfen lassen. In die Marinade geben, ebenso den gewaschenen, in Röllchen geschnittenen Schnittlauch.
Blumenkohl in einer Schüssel anrichten. Salatsoße darüber verteilen. 20 Minuten ziehen lassen.
Vorbereitung: 15 Minuten.
Zubereitung: 25 Minuten.

Blumenkohl gefüllt

1 Blumenkohl,
Salz,
100 g roher Schinken,
Butter zum Einfetten,
¼ l Sahne,
3 Eier.

Blumenkohl putzen. Mit den Röschen nach unten 30 Minuten in kaltes Salzwasser legen. So kommen Raupen oder Ungeziefer an die Oberfläche. Dann den ganzen Kopf in frischem, leicht gesalzenem Wasser in 15 Minuten knackig kochen. Abtropfen lassen. Mit einem Wasserglas den obersten Teil des Kopfes ausstechen. Schinken würfeln und in die Höhlung füllen. Den ausgestochenen Teil wieder einsetzen. Den Kopf in eine gefettete, feuerfeste Glasschüssel setzen. Mit Sahne übergießen. Leicht salzen. Die in 8 Minuten hartgekochten Eier halbieren und um den Blumenkohl legen.
5 Minuten im heißen Ofen überbacken.
Elektroherd: 220 Grad.
Gasherd: Stufe 5 oder ½ große Flamme.
Vorbereitung: 40 Minuten.
Zubereitung: 40 Minuten.

Broccoli in Weißweinsoße

750 g Broccoli,
6 Eßlöffel Olivenöl,
1 Knoblauchzehe,
1½ Tassen Weißwein,
Salz, schwarzer Pfeffer,
10 g Speisestärke.

Broccoli waschen, putzen. Grob zerkleinern. Olivenöl erhitzen. Geschälte, feingehackte Knoblauchzehe ganz kurz darin anbraten, aber nicht bräunen. Broccoli zugeben. 10 Minuten mitbraten. Weißwein, Salz und schwarzen Pfeffer zugeben. Topf schließen. In weiteren 20 Minuten gar dünsten. Hin und wieder den Broccoli umrühren. Auf einer vorgewärmten Platte den gut abgetropften Broccoli anrichten. Soße mit in kaltem Wasser angerührter Speisestärke binden. Abschmecken. Über den Broccoli gießen.
Vorbereitung: 10 Minuten.
Zubereitung: 40 Minuten.

Broccoli mit gerösteten Mandeln

750 g Broccoli,
Salz, Muskat,
50 g blättrig geschnittene Mandeln,
30 g Butter.
Für die Soße:
20 g Butter,
20 g Mehl,
⅛ l Fleischbrühe,
⅛ l Sahne,
Salz, 1 Prise Zucker,
Saft einer halben Zitrone.

Broccoli waschen, putzen. In mit Salz und Muskat gewürztem Wasser 25 Minuten kochen. In der Zwischenzeit blättrig geschnittene Mandeln in

Broccoli mit gerösteten Mandeln.

der heißen Butter goldgelb rösten. Broccoli auf einem Sieb abtropfen lassen. Mit gerösteten Mandeln bestreut warm stellen. Für die Soße die Butter erhitzen. Mehl einrühren und leicht Farbe nehmen lassen. Mit Fleischbrühe aufgießen. 7 Minuten kochen. Sahne zugießen. Mit Salz, Zucker und Zitronensaft abschmecken.
Getrennt servieren oder die Soße über den Broccoli gießen.
Vorbereitung: 10 Minuten.
Zubereitung: 45 Minuten.

Broccoli in Vinaigrette

750 g Broccoli,
Salz.
Für die Sauce Vinaigrette:
6 Eßlöffel feines Olivenöl,
2 Eßlöffel Dijon-Senf,

4 Eßlöffel Weinessig,
½ Teelöffel Salz,
1 Teelöffel Zucker,
weißer Pfeffer,
2 Schalotten,
½ Bund Schnittlauch,
½ Bund Petersilie,
etwas gehackter Estragon,
4 gehackte Dillspitzen,
2 hartgekochte, gehackte Eier,
2 Tomaten,
1 kleine gewürfelte Gewürzgurke,
5 gehackte Radieschen.

Broccoli waschen, putzen. In kochendes Wasser geben. Salzen. 30 Minuten kochen lassen. In der Zwischenzeit für die Sauce Vinaigrette Öl, Senf und Weinessig gut verrühren. Mit Salz, Zucker und Pfeffer würzen. Die Schalotten schälen und fein hacken. Zusammen mit den gewaschenen zerkleinerten Kräutern in die Marinade geben. Eier, überbrühte, abgezogene und in kleine Würfel geschnittene Tomaten, Gurke und Radieschen kommen ebenfalls dazu. Die Mischung über den Broccoli geben. 20 Minuten ziehen lassen.
Vorbereitung: 35 Minuten.
Zubereitung: 50 Minuten.

Chicorée Ardenner Art

30 g gewürfelter Speck,
20 g Butter,
100 g gewürfelter magerer Schinken,
4 Chicorée-Stauden,
Saft einer halben Zitrone,
½ l Fleischbrühe,
Salz,
20 g Mehl.

Speck im Topf auslassen. Butter dazugeben. Ebenso den gewürfelten Schinken. 5 Minuten braten. Gewaschenen, geputzten Chicorée am Wurzelende 1 cm breit abschneiden. Die ganzen Stauden ins heiße Fett geben. Rundherum 1 Minute anbraten. Nicht bräunen. Zitronensaft darüberträufeln. Mit Fleischbrühe auffüllen. Leicht salzen. In etwa 10 Minuten garen. Chicorée aus dem Sud nehmen und warm stellen. Mehl in kaltem Wasser anrühren. Unter Rühren in die kochende Soße geben. 7 Minuten kochen lassen. Abschmecken. Chicorée in der Soße erhitzen und darin servieren.
Vorbereitung: 15 Minuten.
Zubereitung: 20 Minuten.

Chicorée auf belgische Art

4 Chicorée-Stauden,
½ l Wasser, Salz,
1 Teelöffel Butter,
1 Teelöffel Zitronensaft,
4 Scheiben gekochter Schinken,
4 große Scheiben Holländer Käse,
Butter zum Einfetten,
4 Tomaten,
Pfeffer,
20 g Butter,
Salatblätter zum Garnieren.

Chicorée belgische Art.

Chicorée waschen und putzen. Den bitteren Kern am Wurzelende keilförmig ausschneiden. In kochendes, leicht gesalzenes Wasser geben. Butter und Zitronensaft sofort zugeben. 8 bis 10 Minuten dünsten, den Chicorée herausnehmen. Abtropfen lassen. Jede Stange zuerst in Schinken, dann in Käse einwickeln. In eine gefettete feuerfeste Form legen. Abgezogene Tomaten halbieren, Stengelansatz ausschneiden, pfeffern und salzen. Um den Chicorée legen. Butter in Flöckchen darüber verteilen. In den vorgeheizten Ofen schieben.
Backzeit: 15 Minuten.
Elektroherd: 220 Grad.
Gasherd: Stufe 5 oder ½ große Flamme.
Mit Salatblättern garnieren.
Vorbereitung: 15 Minuten.
Zubereitung: 25 Minuten.

Polnischer Chicorée

6 Chicorée-Stauden (750 g),
¼ l Wasser,
Salz,
1 Teelöffel Essig,
weißer Pfeffer,
80 g Butter,
50 g Semmelbrösel,
2 hartgekochte Eier,
1 Bund Petersilie.

Chicorée putzen, waschen. Wurzelenden 1 cm breit abschneiden. Bitteren Kern keilförmig ausschneiden. Wasser mit Salz, Essig, Pfeffer und 20 g Butter zum Kochen bringen. Chicorée in den Topf geben. Topf schließen. Chicorée in etwa 15 Minuten garen. Abgetropft auf einer Platte anrichten und warm stellen. Semmelbrösel in der restlichen Butter bräunen. Über dem Chicorée verteilen.
Geschälte Eier und abgespülte Petersilie hacken. Ebenfalls darüberstreuen.
Vorbereitung: 15 Minuten.
Zubereitung: 25 Minuten.

Chicorée in blauer Soße

8 Chicorée-Stauden,
4 Tomaten,
140 g Krabben aus der Dose,
½ grüne Peperoni,
Salz,

Ein feiner Salat, Chicorée in blauer Soße.

Pfeffer,
1 Eßlöffel feiner Kräuteressig.
Für die blaue Soße:
50 g Roquefort oder Gorgonzola,
3 Eßlöffel saure Sahne,
2 Eßlöffel Mayonnaise,
2 Eßlöffel Öl,
1 Teelöffel Senfpulver,
1 Knoblauchzehe,
Salz,
1 Eßlöffel Zitronensaft,
Pfeffer.

Chicorée waschen, putzen. Wurzelenden 1 cm breit abschneiden. Bitteren Kern keilförmig ausschneiden. Stauden in Ringe schneiden. Tomaten mit kochendem Wasser überbrühen, abziehen, Stengelansatz ausschneiden. Die Tomaten in mundgerechte Stükke teilen. Krabben auf einem Sieb gut abtropfen lassen.
Peperoni waschen, Stengelansatz abschneiden, die Schote halbieren, entkernen und in feine Ringe schneiden. Alle diese Zutaten miteinander mischen. Mit Salz und Pfeffer würzen, Essig darübergießen und nochmal mischen.
Für die blaue Soße:
Roquefort oder Gorgonzola mit der Gabel zerdrücken. Mit saurer Sahne, Mayonnaise, Öl und Senfpulver glattrühren. Knoblauchzehe mit wenig Salz fein zerdrücken und zugeben. Die Soße mit Zitronensaft, Salz und

Pfeffer abschmecken und in den Salat mischen. 10 Minuten durchziehen lassen.
Vorbereitung: 10 Minuten.
Zubereitung: Ohne Marinierzeit 5 Minuten.

Chicorée-Suppe

500 g Chicorée-Stauden,
75 g durchwachsener Speck,
30 g Butter,
2 Zwiebeln,
30 g Mehl,
1 l Fleischbrühe,
Salz,
Muskat,
1 Eigelb,
2 Eßlöffel saure Sahne,
gehackte Petersilie.

Chicorée waschen und putzen. Wurzelansatz 1 cm breit abschneiden. Das untere Ende keilförmig ausschneiden. Chicorée in Streifen schneiden. Speck würfeln. Auslassen. Butter zugeben. Zwiebeln schälen und fein hacken. Mit dem kleingeschnittenen Chicorée ins heiße Fett geben. Leicht anbraten, aber nicht

Chinakohl überbacken, ein schnelles Gericht.

bräunen. Mit Mehl überstäuben. Das Mehl gut verrühren. Durchschwitzen lassen. Mit der Fleischbrühe aufgießen. 7 Minuten kochen. Mit Salz und Muskat würzen. Topf von der Platte nehmen. Eigelb mit saurer Sahne verrühren. In die heiße Suppe gießen, nicht mehr kochen lassen.
Die Suppe mit gehackter Petersilie bestreuen.
Vorbereitung: 15 Minuten.
Zubereitung: 20 Minuten.

Chinakohl überbacken

2 Stauden Chinakohl (1000 g),
1 l Fleischbrühe,
1 Zwiebel,
Margarine zum Einfetten,
40 g geriebener Käse (Emmentaler oder Greyerzer),
40 g Butter.
Für die Soße:
⅛ l saure Sahne,
½ Bund Petersilie,
1 Zwiebel,
Salz,
weißer Pfeffer,
10 g geriebener Käse zum Bestreuen (Emmentaler oder Greyerzer).

Vom Chinakohl die welken Blätter entfernen. Stauden der Länge nach halbieren. Jeweils längs in drei bis vier Stücke schneiden. Gründlich waschen. Abtropfen lassen. In die kochende Fleischbrühe geben. Die Zwiebel schälen und zerkleinern, hineingeben. Etwa 20 Minuten kochen. Gemüse aus dem Kochwasser nehmen und abtropfen lassen. Feuerfeste Form mit Margarine einfetten.
Abgetropftes Gemüse abwechselnd mit dem geriebenen Käse und Butterflöckchen in die Form einschichten.
Für die Soße saure Sahne mit gehackter Petersilie, feingehackter Zwiebel, Salz und Pfeffer verrühren. Über das Gemüse gießen. Mit geriebenem Käse bestreuen. Im vorgeheizten Ofen überbacken, bis der Käse völlig zerlaufen ist. Sie können statt Emmentaler oder Greyerzer Käse auch Parmesan nehmen; der zerläuft allerdings nicht.
Backzeit: 15 bis 20 Minuten.
Elektroherd: 200 Grad.
Gasherd: Stufe 4 oder knapp ½ große Flamme.
Vorbereitung: 15 Minuten.
Zubereitung: 45 Minuten.

Fenchel gedünstet

4 Fenchelknollen (etwa 750 g),
1 Zwiebel,
40 g Butter,
¼ l heiße Fleischbrühe,
Salz,
2 Eßlöffel Sahne,
½ Bund Petersilie.

Fenchelknollen putzen. Dabei holzige und welke Blattschichten und den Wurzelansatz wegschneiden. Waschen, längs halbieren.
Zwiebel schälen und würfeln. Butter

erhitzen. Zwiebel darin glasig werden lassen. Fenchelknollen dazugeben. 5 Minuten unter ständigem Wenden anbraten. Heiße Fleischbrühe zugießen. Salzen und in 25 Minuten bei schwacher Hitze gar dünsten.
Vom Herd nehmen. Sahne einrühren. Das Gemüse erhitzen, aber nicht mehr kochen lassen. Nochmals kräftig abschmecken.
Petersilie waschen, trockentupfen und fein hacken. Ins Gemüse geben und anrichten.
Vorbereitung: 15 Minuten.
Zubereitung: 30 Minuten.

Fenchel mit Soßen

4 Fenchelknollen,
1 l Wasser,
Salz,
weißer Pfeffer,
Muskat.

Fenchel kann man mit vielen Soßen zubereiten. Hier sind einige als Anregung. Bevor Sie die Soßen zubereiten, müssen Sie aber die Fenchelknollen garen. Sie werden geputzt. Von den Blättern schneidet man ein Stückchen ab. Holzige und welke Blattschichten entfernen. Knollen halbieren. In kochendes, gesalzenes Wasser geben. Kräftig mit Pfeffer und Muskat würzen. 25 Minuten bei schwacher Hitze kochen.
Fenchel auf einem Sieb abtropfen lassen. Fenchelbrühe auffangen. (Zu der Schinkensoße wird sie gebraucht.) Fenchel in einer Schüssel anrichten und warm halten. Mit einer der folgenden Soßen übergießen.
Schinkensoße: 3/8 l Fenchelbrühe aufkochen. 4 Teelöffel Mehl mit wenig kaltem Wasser anrühren. Kochende Brühe damit binden. 2 Eßlöffel Sahne einrühren. Kräftig mit Salz, weißem Pfeffer, Paprika und einer Spur Muskat abschmecken. 150 g gekochten, in Streifen geschnittenen Schinken einrühren. Erhitzen und über die Fenchelknollen verteilen.
Buttersoße: 80 g Butter in der Pfanne zerlassen, 1 Eßlöffel Semmelbrösel und 1 Eßlöffel gehackte Petersilie darin erhitzen. Salzen und pfeffern. Über die Fenchelknollen geben.
Remouladensoße: 1 Beutel Mayonnaise mit ½ Becher Joghurt glattrühren. Kräftig salzen und pfeffern. 1 gewürfelte Gewürzgurke, ½ Röhrchen abgetropfte Kapern, 2 Eßlöffel gehackte Petersilie, 1 hartgekochtes, gehacktes Ei unterrühren. Über die erkalteten Fenchelknollen verteilen.
Vorbereitung: 10 Minuten.
Zubereitung: Je nach Soße 40 Minuten.
Fenchel mit diversen Soßen paßt zu Schweins- oder Kalbsbraten, zu Rinderfilet oder Roastbeef.

Fenchelscheiben mit Käsecreme

2 Fenchelknollen (250 g),
Saft einer halben Zitrone,
Salz.

Fenchel mit Soßen erlaubt viele Variationen bei wenig Aufwand.

Für die Käsecreme:
3 Schalotten,
50 g Blaukäse (Gorgonzola oder Roquefort),
20 g Butter,
Salz,
etwas Knoblauchsalz,
weißer Pfeffer,
100 g Doppelrahmfrischkäse.
Zum Garnieren:
1 Tomate,
½ Bund Petersilie.

Fenchelknollen putzen. Dabei welke Blattschichten entfernen. Waschen, abtropfen lassen und in ½ cm dicke Scheiben schneiden. Auf einer Platte anrichten. Mit Zitronensaft beträufeln, mit Salz bestreuen.
Für die Käsecreme die Schalotten schälen und sehr fein hacken. Mit dem Blaukäse und der Butter sahnig rühren. Salz, Knoblauchsalz und Pfeffer zugeben. Dann den Doppelrahmfrischkäse einrühren. Kräftig abschmecken. In einen Spritzbeutel füllen und die Fenchelscheiben damit hübsch garnieren. Tomate häuten, fein würfeln.
Petersilie waschen, trockentupfen. Fenchelscheiben mit Tomatenwürfeln und Petersilie garnieren. Auf ei-

Eine köstliche Vorspeise sind Fenchelscheiben, die mit Käsecreme, Tomaten und Petersilie hübsch dekoriert werden.

nem Holzbrett oder einer Porzellanplatte hübsch anrichten.
Vorbereitung: 20 Minuten.
Zubereitung: 15 Minuten.

Grünkohl holsteinisch

2000 g Grünkohl,
1 l Wasser,
Salz,
Nelkenpfeffer,
schwarzer Pfeffer,
1 Prise Zucker,
1 Eßlöffel Haferflocken,
250 g gepökeltes Schweinefleisch (am besten Rippchen),
250 g durchwachsener Speck,
1 Eßlöffel Schweineschmalz,
4 Mettwürstchen (400 g).

In Schleswig-Holstein liebt man eine deftige Küche. Zu diesem Grünkohlgericht werden die Blätter nicht gehackt. Eigentlich kommen geräucherte Schweinsohren hinein. Da es die nicht immer gibt, empfehlen wir durchwachsenen Speck.
Den Grünkohl putzen, in viel Wasser gründlich waschen. Blätter von den Stielen streifen. In einen Topf geben. Mit reichlich kochendem Wasser übergießen. Abtropfen lassen.
1 l Wasser in einem großen Topf erhitzen. Grünkohl unzerkleinert hineingeben. Mit Salz, Nelkenpfeffer, schwarzem Pfeffer und einer Prise Zucker würzen. 1 Eßlöffel Haferflokken daraufstreuen. Gewaschenes Schweinefleisch und den durchwachsenen Speck im ganzen Stück darauflegen. Schweineschmalz zugeben. In 60 Minuten gar kochen, die letzten 30 Minuten bei geschlossenem Topf. 10 Minuten vor Ende der Garzeit die Mettwürstchen im Grünkohl erhitzen. Das Gemüse kräftig abschmecken.
Grünkohl und Fleisch auf einer vorgewärmten Platte anrichten.
Vorbereitung: 30 Minuten.
Zubereitung: 65 Minuten.

Grünkohl in Sahnesoße

2000 g Grünkohl,
2 l Wasser,
Salz.
Für die Soße:
40 g Butter,
40 g Mehl,
¼ l heiße Fleischbrühe,
Salz,
½ Teelöffel frisch gemahlener schwarzer Pfeffer,
1 Prise Zucker,
¼ l Sahne.

Die Dänen haben ihre Vorliebe für Grünkohl mit den Norddeutschen gemeinsam. Aber in Dänemark bereitet man ihn gehackt und mit weißer Soße zu.
Grünkohl von den Stielen abstreifen und in reichlich Wasser gründlich waschen. Wasser mit Salz in einem Topf aufkochen. Grünkohl hineingeben

und in 60 Minuten gar kochen. Abtropfen lassen. Die Blätter grob hacken.
Für die Soße Butter in einem Topf erhitzen. Mehl unter Rühren hineingeben und leicht Farbe nehmen lassen. Die heiße Fleischbrühe zugießen. 5 Minuten unter Rühren kochen lassen.
Grünkohl in die Soße geben. Mit Salz, Pfeffer und Zucker abschmecken. Vom Herd nehmen, Sahne einrühren und den Grünkohl servieren.
Vorbereitung: 30 Minuten.
Zubereitung: 70 Minuten.

Grünkohl mit Kastanien und glasierten Kartoffeln

1000 g kleine Kartoffeln,
Salz.
2000 g frischer Grünkohl,
300 g Eßkastanien (Maronen),
50 g Schweineschmalz,
Salz, Pfeffer,
1 Prise Muskat,
gut ½ l heiße Fleischbrühe,
40 g Butter,
30 g Zucker.

Eßkastanien passen geschmacklich ausgezeichnet zum herben Grünkohl. Wenn Sie dazu noch glasierte Kartoffeln reichen, wird ein besonderer Schmaus daraus. Vielleicht der Bestseller auf Ihrem Speisezettel.
Kartoffeln waschen. In einen Topf geben. Mit gesalzenem Wasser bedeckt, im geschlossenen Topf in 30 Minuten garen. Abgießen, mit kaltem Wasser abschrecken. Schalen abziehen. Die Kartoffeln auskühlen lassen.
Grünkohl von den groben Stielen streifen. Waschen. Abtropfen lassen. Grob hacken. Kastanien kreuzweise einschneiden und für 20 Minuten auf dem Backblech in den heißen Ofen legen, dann schälen und abziehen. Vierteln.
Schweineschmalz in einem Topf erhitzen. Grünkohl und Kastanien darin unter Rühren braten. Mit Salz, Pfeffer und Muskat würzen. Heiße Fleischbrühe zugießen. Etwa 60 Minuten kochen lassen.
Butter in einer großen Pfanne erhitzen. Pellkartoffeln ganz hineingeben. In 5 Minuten rundherum leicht anbräunen. Zucker darüberstreuen. In 10 Minuten karamelisieren lassen. Dabei hin und wieder umrühren.
Grünkohl mit Kastanien auf einer Platte anrichten. Süße Kartoffeln rundherum verteilen.
Vorbereitung: 30 Minuten.
Zubereitung: 70 Minuten.

Kohlrabi französisch

1000 g Kohlrabi,
1 Zwiebel,
50 g roher Schinken,
25 g Butter,
Salz,

Grünkohl mit Kastanien und glasierten Kartoffeln.

geriebene Muskatnuß,
1 Prise Zucker,
⅛ l Wasser,
¼ l Sahne,
1 Bund Kerbel oder Schnittlauch.

Blätter von den Kohlrabi entfernen. Zarte Herzblätter entstielen und beiseite legen. Knollen vom Wurzelende her dick, gegen die Blätterseite hin dünner schälen. In 1 cm dicke Scheiben, danach in 1 cm breite Streifen schneiden. Zwiebel schälen und fein hacken. Schinken in kleine Würfel schneiden. Butter in einem Topf erhitzen. Schinken und Zwiebel darin 2 Minuten anbraten. Kohlrabi zugeben. Mit Salz, Muskat und Zucker würzen. Wasser zugießen. Zugedeckt 25 Minuten dünsten. Den Topf vom Herd nehmen. Die Sahne einrühren. Kerbel oder Schnittlauch und die bei-

Mit Hackfleisch gefüllte Kohlrabi.

seite gelegten Kohlrabi-Herzblätter waschen, abtropfen lassen und fein hacken. Die Kräuter zu den Kohlrabi geben, abschmecken und servieren.
Vorbereitung: 25 Minuten.
Zubereitung: 30 Minuten.

Kohlrabi gefüllt

8 kleine Kohlrabi,
Salz,
150 g Hackfleisch vom Rind,
100 g Hackfleisch vom Schwein,
1 Ei,
weißer Pfeffer,
2 Eßlöffel Semmelbrösel,
30 g fetter Speck,
¼ l heiße Fleischbrühe aus Würfeln,
1 Teelöffel Mehl,
4 Eßlöffel Sahne,
1 Prise Zucker,
1 Bund Petersilie.

Kohlrabi vom Wurzelende her schälen. Waschen. In einem Topf in gesalzenem Wasser 10 Minuten kochen. Herausnehmen und abtropfen lassen. Das Hackfleisch in eine Schüssel geben. Mit Ei, Salz, Pfeffer und Semmelbröseln verkneten.

Von den Kohlrabi 1 cm dicke Deckel abschneiden. Knollen so aushöhlen, daß ringsherum eine Wand von etwa 1 cm Dicke bleibt. Mit der Hackfleischmasse füllen. Deckel auflegen. Mit Holzstäbchen feststecken. Speck würfeln. In einem Topf anbraten. Kohlrabi hineinsetzen. Weitere 5 Minuten braten. Heiße Fleischbrühe angießen.

Zugedeckt die Kohlrabi in 20 Minuten garen. Herausnehmen. Kohlrabi in einer vorgewärmten Schüssel warm stellen.

Mehl mit kaltem Wasser anrühren. Soße damit binden. 5 Minuten kochen lassen. Vom Herd nehmen. Sahne einrühren. Mit Salz, Pfeffer und Zucker abschmecken. Die Soße über die Kohlrabi verteilen. Mit gewaschener, gehackter Petersilie bestreut servieren.

Vorbereitung: 30 Minuten.
Zubereitung: 40 Minuten.

Kohlrabi gebacken

Für den Teig:
200 g Mehl,
Salz,
geriebene Muskatnuß,
2 Eßlöffel geriebener Emmentaler Käse,
2 Eier,
$\frac{1}{4}$ l Milch.
Außerdem:
4 Kohlrabi,
Salz,
1 Bund Petersilie zum Garnieren,
750 g Kokosfett oder 1 l Öl zum Fritieren.

Mehl, Salz, Muskat und Käse in eine Schüssel geben. In die Mitte eine Mulde drücken. Eier hineingeben. Milch zugießen und einen zähflüssigen glatten Teig rühren. Zugedeckt 15 Minuten ruhen lassen.

Kohlrabi vom Wurzelende her schälen, waschen und abtrocknen. In gleichmäßige Scheiben schneiden. In einem Topf in gesalzenem Wasser 15 Minuten kochen. Auf einem Sieb abtropfen lassen. Petersilie waschen, trockentupfen und hacken. Kokosfett oder Öl im Fritiertopf oder in der elektrischen Friteuse auf 180 Grad erhitzen. Kohlrabischeiben in den Teig tauchen, etwas abtropfen lassen und im heißen Fett in 4 Minuten goldgelb werden lassen. Auf einer vorgewärmten Platte anrichten. Mit Petersilie bestreut sofort servieren.

Vorbereitung: 30 Minuten.
Zubereitung: 20 Minuten.

Rosenkohl Mailänder Art

800 g Rosenkohl,
$\frac{3}{8}$ l Wasser,
Salz,
250 g Tomaten,
3 Eßlöffel Olivenöl,
weißer Pfeffer,
getrocknetes Basilikum,
40 g geriebener Parmesankäse.

Rosenkohl putzen und waschen, Strünke über Kreuz einschneiden. Wasser mit Salz in einem Topf zum Kochen bringen. Rosenkohl hineingeben und 20 Minuten kochen. Tomaten überbrühen, häuten, Stengelansätze ausschneiden. Tomaten würfeln.
Öl in einem Topf erhitzen. Tomaten darin 5 Minuten anbraten. Rosenkohl abtropfen lassen und zu den Tomaten geben. Das Gemüse erhitzen. Mit Salz, Pfeffer und Basilikum abschmecken. In einer vorgewärmten Schüssel anrichten. Mit Parmesankäse bestreut servieren.
Vorbereitung: 20 Minuten.
Zubereitung: 30 Minuten.

Rosenkohl mit Kastanien

250 g Eßkastanien (Maronen),
¼ l Wasser,
1 Eßlöffel Zucker,
50 g Butter,
½ l heiße Fleischbrühe,
600 g Rosenkohl,
¼ l Wasser,
Salz,
geriebene Muskatnuß.

Eßkastanien kreuzweise einschneiden. In einem Topf mit Wasser bedeckt 15 Minuten kochen. Abgießen und schälen. Auch die dünne braune Haut abziehen.
Zucker mit 40 g Butter im Topf goldgelb werden lassen. Kastanien hineingeben. Heiße Fleischbrühe angießen.

Rosenkohl mit Kastanien (oben), Mailänder Rosenkohl (unten).

In 15 Minuten gar ziehen lassen. Herausnehmen und warm stellen. Brühe stark einkochen. Maronen wieder hineingeben und braunglänzend braten.

Während die Kastanien kochen, den Rosenkohl putzen, waschen, an den Strünken einschneiden. In einen Topf mit kochendem Wasser geben. Salzen. 15 Minuten kochen. Mit Muskat würzen. Auf einem Sieb abtropfen lassen. Dann in den Topf mit den Maronen geben. Restliche Butter darauf schmelzen lassen und alles in einer vorgewärmten Schüssel servieren.
Vorbereitung: 30 Minuten.
Zubereitung: 45 Minuten.

Rosenkohl ausgebacken

750 g Rosenkohl,
3/8 l Wasser,
Salz.
Für den Ausbackteig:
100 g Mehl,
2 Eier,
6 Eßlöffel Milch,
Salz,
geriebene Muskatnuß,
1 l Öl zum Ausbacken.

Rosenkohl putzen und waschen. Strünke kreuzweise einschneiden. Auf einem Sieb abtropfen lassen. Wasser mit Salz in einem Topf zum Kochen bringen. Rosenkohl hineingeben. Einmal aufkochen und bei schwacher Hitze 15 Minuten kochen lassen. Auf einem Sieb abtropfen lassen.
Inzwischen für den Ausbackteig Mehl in eine Schüssel geben, Eier und Milch hinzufügen. Glattrühren. Mit Salz und Muskat würzen.
Öl in einem Fritiertopf auf 180 Grad erhitzen. Rosenkohl nacheinander auf eine Gabel spießen. In den Ausbackteig tauchen und ins heiße Öl geben. In 4 Minuten goldbraun ausbacken. Auf Haushaltspapier abtropfen lassen.
In einer vorgewärmten Schüssel anrichten und servieren.
Vorbereitung: 20 Minuten.
Zubereitung: 30 Minuten.

Rotkohl Küchenmeister Art

1000 g Rotkohl,
50 g Gänseschmalz,
2 Zwiebeln,
1 Eßlöffel Mehl,
je 1/4 l Rotwein und heiße Fleischbrühe,
Salz, 1 Prise gemahlener Zimt,
1 Teelöffel Zucker, 2 Eßlöffel Essig,
125 g frischer magerer Speck,
125 g Apfelmus.

Vom Rotkohl welke Blätter entfernen, Kohl in vier Teile schneiden, den Strunk ausschneiden, die Viertel waschen und in feine Streifen hobeln. Gänseschmalz in einem Topf erhitzen. Zwiebeln schälen, in Scheiben schneiden. In dem Gänseschmalz in 3 Minuten anbraten. Rotkohl dazugeben. Mehl unter Rühren darüber-

Pikanter Rotkohl Küchenmeister Art.

streuen. Mit Rotwein und Fleischbrühe auffüllen. Mit Salz, Zimt, Zucker und Essig abschmecken. Speck dazugeben. In 80 Minuten garen. Speck herausnehmen. Würfeln. Mit dem Apfelmus unter den Kohl mischen.
Vorbereitung: 10 Minuten.
Zubereitung: 50 Minuten.

Rotkohl mit Kastanien

1000 g Rotkohl,
125 g geräucherter durchwachsener Speck,
2 Zwiebeln,

40 g Schweineschmalz oder Gänsefett,
je ⅛ l Rotwein und heiße Fleischbrühe,
Salz,
schwarzer Pfeffer,
1 Prise gemahlene Nelken.
Außerdem:
300 g Eßkastanien (Maronen),
⅛ l Milch,
1/16 l Wasser zum Auffüllen,
2 Eßlöffel Weinessig.

Vom Rotkohl äußere welke Blätter entfernen. Kohl vierteln, Strunk ausschneiden, Viertel abspülen, abtropfen lassen und in feine Streifen schneiden oder hobeln. Speck würfeln. In einem Topf auslassen. Geschälte und fein gehackte Zwiebeln darin in 3 Minuten anbraten. Schweineschmalz oder Gänsefett zugeben. Erhitzen. Rotkohl in der Speck-Zwiebel-Mischung unter Rühren anbraten. Mit Rotwein und heißer Fleischbrühe aufgießen. Mit Salz, Pfeffer und gemahlenen Nelken würzen. Umrühren. Bei mittlerer Hitze in 90 Minuten garen.
In der Zwischenzeit Backofen auf 240 Grad vorheizen. Die Kastanien mit einem spitzen Messer einschneiden. Auf einem Backblech in den vorgeheizten Ofen auf die mittlere Schiene schieben und backen, bis die Schalen platzen.
Backzeit: 8 Minuten.
Elektroherd: 240 Grad.
Gasherd: Stufe 6 oder reichlich ½ große Flamme.
Kastanien herausnehmen. Schalen sowie die innere Haut entfernen und Kastanien in einen Topf geben. Milch und soviel Wasser dazugießen, daß die Kastanien bedeckt sind. Topf in den vorgeheizten Ofen stellen, bis die Kastanien gar sind.
Garzeit: 40 Minuten.
Elektroherd: 240 Grad.
Gasherd: Stufe 6 oder reichlich ½ große Flamme.
Kastanien herausnehmen, auf ein Sieb geben und abtropfen lassen, Kastanien halbieren. Warm stellen. Den fertig gegarten Rotkohl mit Weinessig abschmecken. Kastanien untermischen. Sofort servieren.
Vorbereitung: 30 Minuten.
Zubereitung: 95 Minuten.

Rotkohl dänisch

50 g Schweine- oder Gänseschmalz,
1000 g Rotkohl aus der Dose,
⅛ l Rotwein,
3 Eßlöffel Johannisbeergelee,
Salz,
weißer Pfeffer,
1 Eßlöffel Zucker,
1 Messerspitze gemahlene Nelken.

Die klassische dänische Beilage zu Schweinebraten ist Rotkohl. Durch Nelken, Rotwein und Johannisbeergelee erhält der Kohl einen geradezu edlen Geschmack.
Schweine- oder Gänseschmalz in einem Topf erhitzen. Rotkohl zugeben. 5 Minuten anbraten. Rotwein zugießen. Mit Johannisbeergelee, Salz,

Spargel Mornay mit feiner Soße.

Pfeffer, Zucker und gemahlenen Nelken abschmecken. Gut umrühren. Deckel auflegen.
Bei schwacher Hitze den Rotkohl 25 Minuten dünsten.
Vorbereitung: 10 Minuten.
Zubereitung: 30 Minuten.

Spargel Mornay

750 g Spargel,
Wasser,
Salz,
20 g Butter.
Für die Soße:
20 g Butter,
20 g Mehl,
¼ l Milch,
Salz,
weißer Pfeffer,
40 g geriebener Emmentaler Käse,
50 g Butter.
Für die Garnierung:
1 Tomate,
¼ Bund Dill.

Spargel Mornay bedeutet: Gekochter Stangenspargel wird mit Mornay-Soße überzogen und gratiniert. Diese Soße wurde zu Ehren des Diplomaten Philippe Mornay (1549–1623) erfunden; er war Berater Heinrichs IV. von Frankreich.
Spargelstangen vom Kopf her schälen, waschen. Wasser mit Salz und Butter in einem großen, flachen Topf zum Kochen bringen. Spargel hineingeben. 15 Minuten bei schwacher Hitze kochen lassen.
In der Zwischenzeit für die Soße Butter in einem Topf erhitzen. Mehl hineinstreuen. Unter Rühren 2 Minuten durchschwitzen. Dann mit Milch auffüllen. 5 Minuten kochen lassen. Mit Salz und Pfeffer abschmecken. Geriebenen Käse unterrühren. Zum Schluß Eigelb in einer Tasse mit 3 Eßlöffel Soße verrühren. Unter Rühren wieder in die Soße geben.
Spargel aus dem Kochwasser heben. Gut abtropfen lassen, am besten auf einem Tuch. Eine feuerfeste Platte mit Butter einfetten. Spargel darauflegen. Die Spargelköpfe mit Mornay-Soße überziehen. Spargelstangen mit geriebenem Käse bestreuen. Butter erhitzen. Darüberträufeln.
Unter dem vorgeheizten Grill 5 Minuten gratinieren (überbacken). Tomate und Dill abspülen, abtropfen lassen. Stengelansatz aus der Tomate schneiden. Tomate dann in Scheiben schneiden.
Spargel mit Tomatenscheiben und Dill garniert sofort servieren.
Vorbereitung: 20 Minuten.
Zubereitung: 30 Minuten.

Spargel polnische Art

1500 g Spargel,
20 g Butter,
Salz,
1 Teelöffel Zucker,
¼ l Wasser,
4 hartgekochte Eier,
1 Bund Petersilie,
100 g Butter,
4 Eßlöffel Semmelbrösel.

Spargel waschen und abtropfen lassen. Vom Kopf her schälen. Holzige Stielenden abschneiden.
Butter in einem länglichen Topf erhitzen. Spargel hineingeben. Mit Salz und Zucker würzen. Wasser darübergießen und aufkochen. Spargel zugedeckt 20 Minuten kochen lassen. In der Zwischenzeit Eier schälen. Eiweiß und Eigelb trennen. Beides fein hacken. Petersilie waschen, trockentupfen und hacken.
Butter in einer Pfanne erhitzen. Semmelbrösel hineingeben und goldbraun rösten. Spargel aus dem Wasser nehmen. Am besten auf einem Tuch abtropfen lassen und auf einer vorgewärmten Platte anrichten. Mit gehacktem Ei und Petersilie bestreuen. Semmelbrösel darüber verteilen und sofort servieren.
Vorbereitung: 20 Minuten.
Zubereitung: 20 Minuten.

Spargel polnische Art ist auch eine Freude fürs Auge.

Spargel überbacken

1000 g Spargel,
3 l Wasser,
Salz,
80 g Butter,
weißer Pfeffer,
⅛ l trockener Weißwein,
300 g gekochter Schinken,
40 g geriebener Parmesankäse.
Außerdem:
10 g Butter.

Spargel waschen, vom Kopfende her schälen. Nochmals abspülen, abtropfen lassen.
Wasser und Salz in einem breiten Topf zum Kochen bringen. Spargel hineinlegen. 15 Minuten kochen. Mit einem Schaumlöffel herausheben. Abtropfen lassen.
Butter in einem kleinen Topf flüssig,

Spargel Florentiner Art mit Spinat.

aber nicht braun werden lassen. Spargel in eine längliche feuerfeste Form legen. Mit Salz und Pfeffer bestreuen. Butter und Weißwein darübergießen. Schinken in 3 mm dicke, 2 cm lange Streifen schneiden. Über den Spargel verteilen. Geriebenen Käse darüberstreuen. Butter in Flöckchen aufsetzen. In den vorgeheizten Ofen auf die mittlere Schiene schieben.
Backzeit: 10 Minuten.
Elektroherd: 200 Grad.
Gasherd: Stufe 4 oder knapp ½ große Flamme.
Den Spargel herausnehmen und sofort servieren.
Vorbereitung: 30 Minuten.
Zubereitung: 25 Minuten.

Spargel Florentiner Art

1000 g Spargel,
40 g Butter,
Salz,
1 gestrichener Teelöffel Zucker,
¼ l Wasser,
1 Paket tiefgekühlter Spinat (450 g),
6 Eßlöffel Sahne,
25 g blättrig geschnittene Mandeln,
Worcestersoße, Zucker.

Was in der klassischen Küche mit Spinat zubereitet wird, darf sich meist »Florentiner Art« nennen. Die Florentiner aber holen sich ihren

Spargel manchmal aus Genua, wo er – ein hübscher Kontrast zum Spinatgrün – mit violetten Köpfen gezüchtet wird.

Spargel in kaltem Wasser waschen. Abtropfen lassen und vom Kopf her schälen. Holzige Stielenden abschneiden.

Knapp die Hälfte der Butter in einem Topf erhitzen. Spargel hineingeben. Mit Salz und Zucker bestreuen. Mit Wasser auffüllen. Wasser zum Kochen bringen. Spargel zugedeckt in 20 Minuten garen.

Spargel abtropfen lassen und zugedeckt auf einer vorgewärmten Platte warm stellen.

Spinat nach Vorschrift zubereiten. Sahne und blättrige Mandeln untermischen. Mit Salz, Worcestersoße und Zucker pikant abschmecken. Spinat über den Spargel geben und sofort servieren.

Vorbereitung: 15 Minuten.
Zubereitung: 50 Minuten.

Spargel Berner Art

1500 g Spargel,
20 g Butter,
Salz,
1 Teelöffel Zucker,
¼ l Wasser,
2 Zwiebeln,
60 g Butter,
weißer Pfeffer,
50 g geriebener Emmentaler Käse,
4 Eßlöffel Semmelbrösel.

Spargel Berner Art gratiniert.

Spargel in kaltem Wasser waschen. Abtropfen lassen. Vom Kopf her schälen. Stielenden abschneiden.

Butter in einem länglichen Topf erhitzen. Spargelstangen einlegen. Mit Salz und Zucker würzen. Mit Wasser begießen. Wasser sprudelnd aufkochen. Spargel zugedeckt in 20 Minuten garen.

In der Zwischenzeit Zwiebeln schälen und hacken. Die Hälfte der Butter in einer Pfanne erhitzen. Zwiebeln darin in 10 Minuten hellbraun braten. Mit Salz und Pfeffer schwach würzen. Spargelstangen aus dem Topf nehmen und abtropfen lassen. In eine feuerfeste Form füllen. Mit Käse bestreuen. Darüber die Zwiebeln vertei-

len, dann die Semmelbrösel. Restliche Butter in einer Pfanne schmelzen lassen. Über die Semmelbrösel träufeln.
Form in den vorgeheizten Ofen auf die mittlere Schiene schieben.
Garzeit: 10 Minuten.
Elektroherd: 250 Grad.
Gasherd: Stufe 7 oder fast große Flamme.
Form aus dem Ofen nehmen und den Spargel sofort servieren.
Vorbereitung: 20 Minuten.
Zubereitung: 30 Minuten.

Spargel in Gelee

Für die Brühe:
200 g Kalbfleisch zum Kochen,
1 Kalbsknochen,
Salz,
knapp ¾ l Wasser,
½ Bund Suppengrün,
1 kleine Zwiebel,
½ Lorbeerblatt,
2 Nelken,
5 Pfefferkörner.
Für den Spargel:
1000 g Spargel,
10 g Butter,
Salz,
½ Teelöffel Zucker,
⅛ l Wasser.
Für das Gelee:
8 Blatt weiße Gelatine,
½ l Kalbfleischbrühe,
⅛ l Weißwein,
4 Eßlöffel Kräuteressig,
Salz,
weißer Pfeffer.
Außerdem:
1 hartgekochtes Ei,
1 Bund Petersilie.

Für die Brühe Kalbfleisch und Knochen unter kaltem Wasser abspülen. Mit gesalzenem kaltem Wasser in einen Topf geben. Suppengrün putzen, abspülen, abtropfen lassen und in Stücke schneiden. Zwiebel schälen. Mit Lorbeerblatt und Nelken spicken.

Spargel in Gelee gehört zu den Spitzenkreationen der Kalten Küche.

Suppengrün, gespickte Zwiebel und Pfefferkörner in den Topf geben. 60 Minuten kochen lassen. Dabei hin und wieder abschäumen. Brühe durch ein Sieb gießen und entfetten.
Während die Brühe kocht, Spargel vom Kopfende her schälen, Stielenden abschneiden, waschen und abtropfen lassen. Stangen längs und quer halbieren.
Butter in einem Topf erhitzen. Spargel hineinlegen. Mit Salz und Zucker würzen. Wasser darübergießen. Den Spargel zugedeckt 20 Minuten kochen lassen. Herausnehmen, abtropfen und erkalten lassen.
Für das Gelee Gelatine in einem Becher mit kaltem Wasser bedeckt einweichen. Kalbfleischbrühe mit Weißwein und Kräuteressig erhitzen. Mit Salz und Pfeffer abschmecken. Gelatine ausdrücken und in die heiße Flüssigkeit geben. Rühren, bis sie sich aufgelöst hat. In eine flache, kalt ausgespülte Schüssel einen 3 mm dikken Spiegel gießen. Gelee im Kühlschrank in 15 Minuten erstarren lassen.
Ei schälen und in Scheiben schneiden. Petersilie abspülen, abtropfen lassen und in Blättchen zerpflücken. Schüssel aus dem Kühlschrank nehmen. Geleeboden mit Petersilie und Eischeiben belegen (restliche Petersilie beiseite stellen). Schüsselrand mit den halbierten Spargelspitzen (Köpfe nach unten) auslegen. Restliche Spargelstücke in die Schüssel schichten. Gelee darübergießen. 120 Minuten im Kühlschrank erstarren lassen.
Vor dem Servieren Schüsselboden kurz in heißes Wasser tauchen. Gelee auf eine Platte stürzen. Spargel in Gelee mit der restlichen Petersilie garniert servieren.
Vorbereitung: 30 Minuten.
Zubereitung: Ohne Gelierzeit 75 Minuten.

Spargelcremesuppe

500 g Spargel,
¾ l Wasser,
Salz,
50 g Butter,

Spargelcremesuppe mit Wein und Sahne zubereitet.

Dreierlei Dips passen vorzüglich zu gekochtem Spargel: Tomatendip, Käsedip, Orangendip.

40 g Mehl,
2 Eigelb,
3 Eßlöffel Weißwein,
¼ l Sahne,
weißer Pfeffer,
geriebene Muskatnuß,
1 Teelöffel Zucker,
Saft einer Orange.

Spargel unter fließendem Wasser waschen. Vom Kopf her schälen. In etwa 3 cm lange Stücke schneiden. Beiseite stellen.

Schalen in einen Topf mit gesalzenem Wasser geben. Zugedeckt 20 Minuten kochen lassen. Brühe durchsieben. Spargelstücke in einen Topf geben. Mit der Brühe begießen und zugedeckt 20 Minuten kochen. Spargel mit einem Schaumlöffel herausheben und beiseite stellen.

Butter in einem anderen Topf erhitzen. Mehl dazugeben und unter Rühren 2 Minuten durchschwitzen lassen. Mit der Spargelbrühe ablöschen. 6 Minuten kochen. Topf vom Herd

nehmen. Eigelb in einer Tasse mit etwas Suppe verquirlen. In die Suppe rühren. Weißwein und Sahne ebenfalls. Suppe mit Salz, Pfeffer, Muskat, Zucker und Orangensaft abschmekken. Spargelstücke hineingeben. Suppe erhitzen, aber nicht mehr kochen lassen, da sonst das Eigelb gerinnt. Dann in Suppentassen füllen und sofort servieren.
Vorbereitung: 15 Minuten.
Zubereitung: 50 Minuten.

Spargel-Dips

1000 g Spargel,
3 l Wasser,
Salz, geriebene Muskatnuß,
20 g Butter.
Für den Käsedip:
200 g Doppelrahmfrischkäse,
¼ l Sahne,
Salz, weißer Pfeffer,
je 2 Stengel Petersilie, Kerbel, Zitronenmelisse (oder je ½ Teelöffel getrocknete, zerriebene Kräuter).
Für den Tomatendip:
70 g Tomatenmark,
3 Eßlöffel saure Sahne,
Saft einer halben Zitrone,
Salz, Zucker,
weißer Pfeffer.
Für den Orangendip:
⅛ l Sahne,
3 Eßlöffel Orangensaft,
1 Eigelb,
1 Prise Salz,
½ Teelöffel Zucker,
1 Prise gemahlener Ingwer.

Spargel schälen, waschen. Wasser mit Salz, Muskat und Butter in einem großen, flachen Topf zum Kochen bringen. Spargel hineingeben. 20 Minuten bei schwacher Hitze kochen lassen.
In der Zwischenzeit für den Käsedip Frischkäse auf einem Teller mit einer Gabel zerdrücken. Mit der Sahne cremig rühren. Mit Salz und Pfeffer abschmecken. Petersilie, Kerbel und Zitronenmelisse waschen, trockentupfen und fein hacken. In den Dip rühren (oder die getrockneten Kräuter zufügen). Abschmecken.
Für den Tomatendip Tomatenmark mit Sahne in einer Schüssel verrühren. Mit Zitronensaft, Salz, Zucker und Pfeffer abschmecken.
Für den Orangendip Sahne in einer Schüssel steif schlagen. Orangensaft, Eigelb, Salz, Zucker und Ingwer in einem Becher verrühren. Abschmekken. Unter die Sahne heben.
Spargel herausnehmen. Gut abgetropft (am besten auf einem Tuch) auf eine Platte legen. Die in Schälchen angerichteten Dips rundherum stellen.
Vorbereitung: 45 Minuten.
Zubereitung: 25 Minuten.

Spinat Tessiner Art

1000 g Spinat,
40 g Butter,
Salz, schwarzer Pfeffer,
geriebene Muskatnuß,

50 g geriebener Emmentaler Käse,
Margarine zum Einfetten.
Außerdem:
25 g geriebener Parmesankäse,
½ Bund Petersilie,
10 g Butter.

Frischen Spinat sorgfältig verlesen und in kaltem Wasser gründlich waschen. Auf einem Sieb gut abtropfen lassen.
Butter in einem Topf erhitzen. Spinat hineingeben und zugedeckt 5 Minuten erhitzen. Mit Salz, Pfeffer und Muskat abschmecken. Mit dem Emmentaler mischen.
Eine feuerfeste Form mit Margarine einfetten. Spinat hineingeben. Mit Parmesankäse bestreuen. Die gewaschene, gehackte Petersilie darüber verteilen. Butter in Flöckchen obenaufsetzen. Form in den vorgeheizten Ofen auf die mittlere Schiene stellen.
Backzeit: 5 Minuten.
Elektroherd: 220 Grad.
Gasherd: Stufe 5 oder ½ große Flamme.
Form aus dem Ofen nehmen und den überbackenen Spinat darin servieren.
Vorbereitung: 30 Minuten.
Zubereitung: 20 Minuten.

Spinatklößchen

Gnocchi verdi

750 g Kartoffeln,
Salz,
20 g Butter,
⅛ l heiße Fleischbrühe,
300 g tiefgekühlter Spinat,
Salz,
geriebene Muskatnuß.
Außerdem:
75 g geriebener Parmesankäse,
250 g Mehl,
3 Eigelb,
Salz,
weißer Pfeffer,
geriebene Muskatnuß,
2 l Wasser,
Salz,
Butter zum Einfetten,
⅛ l Sahne,
20 g geriebener Parmesankäse,
30 g Butter.

In Italien und in der italienischen Schweiz gehören die gnocchi verdi in die Kategorie der Teigspeisen, die vorwiegend mittags als erster Gang eines Menüs auf den Tisch kommen. Sie können die grünen Spinatklößchen auch sehr gut als Beilage reichen.
Kartoffeln schälen, waschen. In einen Topf geben, mit Wasser bedecken und salzen. Zugedeckt 20 Minuten kochen lassen. Abgießen und ausdampfen lassen. Dann durch eine Kartoffelpresse in eine Schüssel drücken oder abgekühlt im Mixer pürieren.
Butter und Fleischbrühe in einem Topf zum Kochen bringen. Spinat darin nach Vorschrift in 10 Minuten auftauen. Dann 5 Minuten kochen lassen, bis fast alle Flüssigkeit eingekocht ist.
Spinat mit Salz und Muskat abschmecken und zu den Kartoffeln geben. Parmesan, Mehl und Eigelb

Köstliche Vorspeise für ein italienisches Menü: Gratinierte Spinatklößchen.

ebenfalls in die Schüssel geben. Alles zu einem festen Teig verkneten. Mit Salz, Pfeffer und Muskat würzen.

Wasser in einem Topf aufkochen und salzen. Aus dem Teig walnußgroße Kugeln formen. Portionsweise ins Salzwasser gleiten lassen und bei schwacher Hitze in 10 Minuten gar ziehen lassen. Mit einem Schaumlöffel herausheben und so lange warm stellen, bis alle Klöße fertig sind.

Eine feuerfeste Form mit Butter einfetten. Spinatklößchen hineinschichten. Mit verquirlter Sahne übergießen. Käse darüberstreuen. Butter in Flöckchen darauf verteilen. Form in den vorgeheizten Ofen auf die mittlere Schiene stellen.

Backzeit: 15 Minuten.

Elektroherd: 220 Grad.

Gasherd: Stufe 5 oder ½ große Flamme.

Form aus dem Ofen nehmen. Gericht sofort servieren.

Vorbereitung: 35 Minuten.

Zubereitung: 50 Minuten.

Spinattorte italienisch

Für den Teig:
125 g Butter,
250 g Mehl,
1 Ei,
1 Prise Salz.
Außerdem:
1000 g Blattspinat,
Salz,
200 g durchwachsener Speck,
1 Bund Petersilie,
2 Knoblauchzehen,
100 g geriebener Parmesankäse,
Mehl zum Ausrollen,
Fett für die Form.

Für den Teig Butter in einer Pfanne schmelzen, dann abkühlen lassen. Mehl aufs Backbrett oder in eine Schüssel geben. In die Mitte eine Mulde drücken. Butter, Ei und Salz in die Mulde geben. Von außen nach innen schnell einen glatten festen Teig kneten.
60 Minuten in Folie eingepackt im Kühlschrank ruhen lassen.
Spinat verlesen, gründlich waschen und auf einem Sieb etwas abtropfen lassen.
In einen Topf geben und ohne Wasser einmal aufkochen lassen. Ausdrükken und fein hacken oder durch den Fleischwolf (feine Scheibe) drehen. Beiseite stellen.
100 g durchwachsenen Speck würfeln, in einem Topf 5 Minuten anbraten. Petersilie waschen und hacken. Mit den geschälten, fein gehackten Knoblauchzehen in die Pfanne geben und alles 2 Minuten braten. Spinat zugeben und zugedeckt 5 Minuten ziehen lassen. Spinatmasse mit dem Käse mischen und abkühlen lassen. Teig auf bemehlter Arbeitsfläche zu zwei runden Platten ausrollen. Eine Springform von 24 cm Durchmesser einfetten und mit einer Platte auslegen. Rand hochziehen.
Spinatmasse einfüllen. Mit der zweiten Teigplatte abdecken.
Spinattorte in den vorgeheizten Ofen auf die mittlere Schiene schieben.
Backzeit: 50 Minuten.
Elektroherd: 200 Grad.
Gasherd: Stufe 5 oder ½ große Flamme.
Restlichen Speck in hauchdünne Scheiben schneiden. Nach 35 Minuten die Torte damit belegen und fertigbacken.
Torte aus dem Ofen nehmen und aus der Form lösen. Auf eine Platte gleiten lassen, in 6 Stücke teilen und heiß servieren.
Vorbereitung: Ohne Kühlzeit 40 Minuten.
Zubereitung: 65 Minuten.

Blattspinat überbacken

750 g Spinat,
1 Zwiebel,
1 Knoblauchzehe,
Salz,
40 g Butter,
Pfeffer,

Blattspinat überbacken ist ein schnelles, würziges Gericht für Gemüsefreunde.

Paprika edelsüß,
Butter zum Einfetten,
250 g geriebener Emmentalerkäse.

Spinat putzen und waschen. Stiele abschneiden, Zwiebel und Knoblauch schälen. Zwiebel fein hacken. Knoblauch mit Salz zerdrücken und beides in heißer Butter kurz anbraten. Spinat zugeben. Würzig abschmecken. 5 Minuten kochen lassen. Vom Herd nehmen.
Feuerfeste Form einfetten. Die Hälfte des Spinats einfüllen. Mit der Hälfte des Käses bestreuen. Restlichen Spinat darauf verteilen. Darauf kommt wieder Käse.
Dann die Form in den vorgeheizten Ofen stellen.
Backzeit: 10 Minuten.
Elektroherd: 220 Grad.
Gasherd: Stufe 5 oder ½ große Flamme.
Die Form aus dem Ofen nehmen, den gratinierten Blattspinat sofort heiß servieren.
Vorbereitung: 20 Minuten.
Zubereitung: 15 Minuten.

Bandnudeln mit Spinat

375 g Bandnudeln,
Salz,
10 g Butter zum Einfetten,
1 große Zwiebel,
1 Knoblauchzehe,
175 g geräucherter, durchwachsener Speck,
300 g tiefgekühlter Spinat,
⅓ Tasse Wasser,
1 Eßlöffel Mehl,
¼ l saure Sahne,
Salz,

Bandnudeln mit Spinat und würzigem Räucherspeck.

Muskat,
1 Prise Zucker,
200 g Emmentalerkäse in Scheiben geschnitten.

Bandnudeln 6–8 Minuten in reichlich gesalzenem Wasser kochen. Abgießen und kalt abspülen. Gut abtropfen lassen. Feuerfeste Form fetten. Zwiebel und Knoblauchzehe schälen und fein hacken. Speck klein würfeln. In einer Pfanne glasig braten. Zwiebel und Knoblauch zufügen und kurz mitbraten. Spinat und Wasser zugeben. Den Spinat in etwa 10 Minuten bei schwacher Hitze auftauen lassen. Mehl mit der Sahne verquirlen. In den Spinat rühren. Das Gemüse 5 Minuten kochen. Mit Salz, Muskat und Zucker abschmecken. Spinatsoße auf die Nudeln verteilen und darauf die Käsescheiben legen. Im vorgeheizten Backofen überbacken, bis der Käse zerläuft.
Backzeit: 10 Minuten.
Elektroherd: 200 Grad.
Gasherd: Stufe 4 oder knapp ½ große Flamme.
Vorbereitung: 25 Minuten.
Zubereitung: 20 Minuten.

Staudensellerie italienisch

4 bis 6 Stangen Staudensellerie,
Salz,
Butter zum Einfetten,
3 Eßlöffel geriebener Käse,
30 g Butter.

Vom Staudensellerie die Wurzelenden schräg abschneiden. Stengel in kochendes Wasser geben. Salzen. In etwa 20 Minuten gar kochen. Abtropfen lassen. Feuerfeste Form einfetten. Schichtweise Sellerie und geriebenen Käse einfüllen. Die letzte Schicht soll Käse sein. Butter in Flöckchen aufsetzen. Die Form in den heißen Ofen schieben.
Backzeit: 20 Minuten.
Elektroherd: 200 Grad.
Gasherd: Stufe 4 oder knapp ½ große Flamme.
Vorbereitung: 25 Minuten.
Zubereitung: 25 Minuten.

Staudensellerie überbacken

4 Stauden Sellerie,
1 Zwiebel,
70 g Butter,
¼ l heiße Fleischbrühe,
2 Eßlöffel Zitronensaft,
4 Eßlöffel Sahne,
Salz,
weißer Pfeffer,
40 g geriebener Schweizer Emmentaler Käse.

Staudensellerie waschen und putzen. Nur die zarten Blättchen mit verwenden. Die Stangen nochmals abspülen und abtropfen lassen. In 6 cm lange Stücke schneiden.
Zwiebel schälen und vierteln. 40 g Butter in einem Topf erhitzen. Staudensellerie darin mit der Zwiebel

Staudenselleriegemüse mit frischen Tomaten.

2 Minuten anbraten. Zwischendurch vorsichtig wenden. Mit Brühe begießen. Zugedeckt 15 Minuten bei mittlerer Hitze dünsten.
Feuerfeste Form mit etwas Butter einfetten.
Staudensellerie mit dem Schaumlöffel aus der Brühe heben. Abtropfen lassen und in die Form legen. Zitronensaft und Sahne in einem Becher verquirlen. Mit Salz und Pfeffer würzen. Über die Selleriestauden gießen.

Käse darüberstreuen. Restliche Butter in Flöckchen auf dem Gemüse verteilen.
Form in den vorgeheizten Ofen auf die mittlere Schiene stellen.
Backzeit: 10 Minuten.
Elektroherd: 220 Grad.
Gasherd: Stufe 5 oder ½ große Flamme.
Form aus dem Ofen nehmen und sofort servieren.
Vorbereitung: 15 Minuten.
Zubereitung: 30 Minuten.

Staudensellerie-gemüse

1000 g Staudensellerie,
4 Eßlöffel Öl,
3 weiße Zwiebeln,
2 Möhren,
abgeriebene Schale einer halben Zitrone (unbehandelt),
¼ l Fleischbrühe oder Gemüsebrühe,
250 g Tomaten,
1 Eßlöffel Speisestärke,
⅛ l Sahne,
Salz,
Pfeffer,
Zucker,
etwas Zitronensaft.

Staudensellerie waschen und putzen. Nur die zarten Blätter an den Stielen lassen. Längere Stangen halbieren. Öl in einem Topf erhitzen. Geschälte, gewürfelte Zwiebeln darin glasig braten. Möhren schälen. In Scheiben schneiden und zugeben. Zitronenschale unterrühren. Mit der Brühe auffüllen. Staudensellerie in den Topf geben. 25 bis 30 Minuten dünsten. Tomaten heiß überbrühen, abziehen, die grünen Stengelansätze ausschneiden. Die Tomaten in dicke Scheiben schneiden. Kurz vor Ende der Garzeit zum Sellerie geben. Speisestärke mit Sahne anrühren. Gemüsebrühe damit binden.
Mit Salz, Pfeffer, Zucker und Zitronensaft abschmecken.
Vorbereitung: 10 Minuten.
Zubereitung: 35 Minuten.

Weißkohl geröstet

1 kleiner Weißkohl,
1 l Wasser,
Salz,
200 g durchwachsener Speck,
½ Teelöffel gemahlener Kümmel,
½ Teelöffel weißer Pfeffer.

Weißkohl putzen, vierteln. Den Strunk ausschneiden. Kohl waschen und gut abtropfen lassen.
Wasser und Salz in einem Topf zum Kochen bringen. Kohlviertel hineingeben. 20 Minuten kochen lassen. Mit einem Schaumlöffel herausnehmen, auf ein Sieb geben und gut abtropfen lassen.
Speck in knapp ½ cm große Würfel schneiden. In einem großen flachen Topf 3 Minuten anbraten. Kohl hineinlegen und unter ständigem Wenden in 5 Minuten hellbraun braten.

Weißkohl ist das richtige Gemüse für den Winter.

Mit gemahlenem Kümmel und Pfeffer würzen und sofort servieren.
Vorbereitung: 15 Minuten.
Zubereitung: 35 Minuten.

Kohlrouladen

1 Kopf Weißkohl (750 g),
Salz,
2 l Wasser,
1 Brötchen,
375 g gemischtes Hackfleisch,
1 Zwiebel (40 g),
1 Beutel getrocknete Steinpilze (5 g),
½ Bund Petersilie,
1 Ei,
weißer Pfeffer,
geriebene Muskatnuß,
Paprika edelsüß,
gemahlener Kümmel,
2 Möhren (100 g),
6 Scheiben Frühstücksspeck (60 g),
1 Teelöffel Tomatenmark,
⅛ l heiße Fleischbrühe aus Würfeln,
1 Becher saure Sahne (100 g).

Weißkohl putzen, abspülen und abtropfen lassen. Strunk ausstechen. Den ganzen Kohl in kochendes, gesalzenes Wasser legen und 30 Minuten bei schwacher Hitze kochen lassen.
Brötchen mit Wasser in eine Schüssel geben und 10 Minuten einweichen. Hackfleisch in eine Schüssel geben. Zwiebel schälen, fein hacken, zum Fleisch geben. Steinpilze waschen, abtropfen lassen, grob hacken. Petersilie abspülen, trockentupfen und grob hacken. Beides in die Schüssel geben. Brötchen ausdrücken, zerpflücken und mit dem Ei zugeben. Mit Salz, Pfeffer, Muskat, Paprika und Kümmel würzig abschmecken. Das Ganze zu einem Fleischteig vermischen.
Weißkohl aus dem Topf nehmen. Ab-

Etwas Deftiges aus der Landschaftsküche: Krautfleckerl.

tropfen und abkühlen lassen. Blätter ablösen. Dicke Rippen entfernen und jeweils auf ein großes Blatt ein bis zwei kleinere Blätter legen. Salzen. Die Hackfleischmasse darauf verteilen und die Kohlblätter zusammenrollen. Mit Garn umwickeln. Möhren schälen, waschen und in schräge, ½ cm dicke Scheiben schneiden.
Frühstücksspeck in einem Bräter 5 Minuten anbraten. Herausnehmen. Möhren hineinstreuen und Kohlrouladen darauflegen. In 10 Minuten rundherum braun werden lassen. Die Rouladen mit Frühstücksspeck abdecken. Tomatenmark mit Fleischbrühe verrühren und zugießen. Zugedeckt in den vorgeheizten Ofen auf die mittlere Schiene stellen.
Schmorzeit: 50 Minuten.
Elektroherd: 180 Grad.
Gasherd: Stufe 3 oder ⅓ große Flamme.
Kohlrouladen aus dem Bräter nehmen, das Garn entfernen. Rouladen in einer vorgewärmten Schüssel anrichten. Mit Möhren und Speckscheiben belegen.
Schmorflüssigkeit mit saurer Sahne verquirlen. Abschmecken und über die Rouladen gießen.
Vorbereitung: 20 Minuten.
Zubereitung: 65 Minuten.

Krautfleckerl

Für das Kraut:
1 Kopf Weißkohl (750 g),
1 Zwiebel,
40 g Schweineschmalz,
1 Eßlöffel Zucker,
Salz,
weißer Pfeffer,
1 Teelöffel Kümmel,
1 Eßlöffel Essig,
⅛ l heiße Fleischbrühe.

Für den Teig:
1 Ei,
1 Prise Salz,
1 Eßlöffel Wasser,
150 g Mehl,
Mehl zum Ausrollen,
1½ l Wasser zum Kochen,
Salz,
Paprika edelsüß zum Bestreuen.

Die Krautfleckerln gehören zu den typisch österreichischen Spezialitäten. Eine herzhafte und nahrhafte Angelegenheit, die prima schmeckt und nicht schwer zuzubereiten ist.
Für das Kraut Weißkohl putzen, vierteln und den Strunk ausschneiden. Die Krautviertel unter kaltem Wasser abspülen. Gut abtropfen lassen. In feine Streifen schneiden. Zwiebel schälen und fein hacken. Schweineschmalz mit Zucker in einem Topf erhitzen. Der Zucker soll dabei leicht bräunlich werden. Kraut und Zwiebel zugeben. Mit Salz, Pfeffer, Kümmel und Essig würzen. Das Kraut 10 Minuten im Fett braten. Dabei hin und wieder umrühren, damit es nicht anbrennt. Fleischbrühe zugießen. Topf schließen. Das Kraut 40 Minuten garen.
In der Zwischenzeit den Teig zubereiten. Dazu Ei mit Salz und Wasser in einer Schüssel verrühren. Nach und nach etwa die Hälfte des Mehles einrühren. Restliches Mehl mit den Händen einkneten. Der Teig muß dabei glatt und trocken werden. Auf der bemehlten Arbeitsfläche nudeldick (etwa 2 mm) ausrollen. 30 Minuten trocknen lassen. Erst in 2 cm breite Streifen, dann in Rauten schneiden, die typische Fleckerlform.
Wasser in einem Topf zum Kochen bringen. Salzen. Die Fleckerl hineingeben. 8 Minuten sprudelnd kochen lassen. Mit einem Schaumlöffel herausnehmen. Auf einem Sieb abtropfen lassen.
Das Kraut abschmecken. Fleckerl zugeben und unterrühren. In eine vorgewärmte Schüssel geben. Mit Paprika bestreut servieren.
Vorbereitung: Ohne Ruhezeit 45 Minuten.
Zubereitung: 45 Minuten.

Krautstrudel
für 6 Personen

Für die Füllung:
1 Kopf Weißkohl von 1500 g,
2 Zwiebeln,
40 g Schweineschmalz,
20 g Butter,
1 Eßlöffel Zucker,
⅛ l heiße Fleischbrühe,
Salz,
weißer Pfeffer,
1 Eßlöffel Kümmel,
je 1 Teelöffel Essig und Mehl.
Für den Teig:
250 g Mehl,
1 kräftige Prise Salz,
2 Eßlöffel Öl,
⅛ l lauwarmes Wasser,
1 Teelöffel Essig,
Mehl zum Ausrollen,
60 g Butter zum Bestreichen,
Margarine zum Einfetten.

Krautstrudel hat eine besonders würzige Füllung.

Für die Garnierung:
½ Bund Petersilie,
1 Tomate.

Für die Füllung Weißkohl putzen und vierteln. Den Strunk ausschneiden. Die Viertel unter kaltem Wasser abspülen. Gut abtropfen lassen. In feine Streifen schneiden. Zwiebeln schälen und fein hacken. Schweineschmalz und Butter in einem Topf erhitzen. Kohl und Zwiebeln hineingeben. Unter Rühren in 10 Minuten glasig werden lassen. Zucker darüberstreuen. Unter weiterem Rühren Kohl und Zwiebeln mit dem Zucker leicht bräunen. Heiße Fleischbrühe zugießen. Mit Salz, Pfeffer, Kümmel und Essig würzen. In etwa 20 Minuten nicht zu weich garen. Das Gemüse soll noch Biß haben.
Mehl mit etwas kaltem Wasser anrühren, den Kohl damit binden.
In der Zwischenzeit den Strudelteig zubereiten. Dazu Mehl auf ein Backbrett oder auf die Arbeitsfläche geben. In die Mitte eine Mulde drücken. Da hinein kommen Salz, Öl, Wasser

und Essig. Die Zutaten erst mit einer Gabel mischen. Dann mit den Händen zu einem glatten Teig kneten. Unter einer vorgewärmten Schüssel (oder in einer Plastiktüte) 20 Minuten ruhen lassen.
Gedünsteten Kohl pikant abschmecken.
Topf vom Herd nehmen. Das Gemüse abkühlen lassen.
Teig auf einem bemehlten Küchentuch so dünn wie möglich ausrollen. Dann über dem Handrücken hauchdünn zu einem Rechteck ausziehen. Butter flüssig werden lassen. Teig mit der halben Buttermenge bestreichen. Füllung darauf verteilen. Mit Hilfe des Küchentuchs zum Strudel zusammenrollen. Backblech oder Fettpfanne gut mit Margarine bestreichen. Krautstrudel darauflegen. Mit der restlichen Butter bestreichen. In den vorgeheizten Ofen auf die mittlere Schiene schieben.
Backzeit: 35 Minuten.
Elektroherd: 220 Grad.
Gasherd: Stufe 5 oder ½ große Flamme.
Den Strudel herausnehmen. Auf eine vorgewärmte Platte legen. Für die Garnierung Petersilie und Tomate unter kaltem Wasser abspülen. Mit Haushaltspapier trockentupfen. Den Stengelansatz der Tomate ausschneiden. Tomate achteln.
Krautstrudel mit Petersiliensträußchen und Tomatenachteln garniert servieren.
Vorbereitung: Ohne Ruhe- und Abkühlzeit 25 Minuten.
Zubereitung: 80 Minuten.

Champagner-Kraut

20 g Butter,
75 g durchwachsener Speck,
⅛ l Weißwein,
1 Zwiebel,
2 Nelken,
750 g Sauerkraut,
Salz,
1 Prise Zucker,
2 Gläser Sekt.

Champagner-Kraut reicht man zu Rehrücken, Wildschweinbraten, Puterbrust, aber auch zu Kalbs- oder Schweinefilet.
Butter im Topf erhitzen. Gewürfelten, durchwachsenen Speck darin anbraten. Mit Weißwein aufgießen. Die Zwiebel mit Nelken spicken. In den Sud geben und aufkochen. Sauerkraut auseinander zupfen und dazugeben. Wenn nötig salzen. Eine Prise Zucker zugeben. 20 Minuten zugedeckt dünsten. Die gespickte Zwiebel herausnehmen. Den Sekt angießen und das duftende Kraut sofort servieren.
Vorbereitung: 10 Minuten.
Zubereitung: 30 Minuten.

Sauerkraut mit weißen Bohnen

250 g getrocknete weiße Bohnen,
1 l Wasser,
500 g Schweinebauch,

Richtige Hausmannskost ist Sauerkraut mit weißen Bohnen und Schweinebauch.

500 g Sauerkraut,
2 Zwiebeln,
10 Wacholderbeeren,
5 Pfefferkörner,
Salz,
weißer Pfeffer,
Zucker,
75 g durchwachsener Speck.

Bohnen waschen und abtropfen lassen. In eine Schüssel geben. Mit Wasser bedeckt über Nacht einweichen.
Bohnen mit dem Einweichwasser zum Kochen bringen. Etwa 45 Minuten kochen lassen.
Schweinebauch mit kaltem Wasser abspülen, abtropfen lassen. Zu den Bohnen geben. Sauerkraut zufügen. 15 Minuten kochen. Zwiebeln schälen und fein hacken. Zusammen mit Wacholderbeeren und Pfefferkörnern zugeben. Zugedeckt weitere 45 Minuten kochen lassen. Den deftigen Eintopf mit Salz, Pfeffer und Zucker abschmecken.
Speck in kleine Würfel schneiden. In einer Pfanne in 10 Minuten knusprig braten.
Sauerkraut und Bohnen in eine vorgewärmte Schüssel füllen. Mit dem heißen Speckfett begießen, die Speckwürfel darüber verteilen.
Fleisch in Scheiben schneiden und getrennt servieren.
Vorbereitung: Ohne Einweichzeit 10 Minuten.
Zubereitung: 105 Minuten.

Sauerkraut-Auflauf

500 g Pellkartoffeln,
200 g Salami,
60 g Schweizer Käse,
1 großer Apfel,
Margarine zum Einfetten,
500 g Sauerkraut,
3 Eßlöffel Rosinen (ungeschwefelt).
Für die Eiermilch:
1 Zwiebel,
4 Eier,
½ l Milch,
Salz,
weißer Pfeffer,
1 Messerspitze geriebene Muskatnuß.
Außerdem:
60 g Butter,
3 Tomaten,
1 Bund Schnittlauch.

Pellkartoffeln abziehen, abkühlen lassen und in Scheiben schneiden. Salami und Käse in 1 cm große Würfel schneiden. Apfel schälen, achteln, entkernen. Apfelstücke würfeln.
Salami, Käse und Äpfel in einer Schüssel mischen. Eine große feuerfeste Form mit Margarine einfetten. Abwechselnd Sauerkraut, Kartoffelscheiben und etwas von der Salami-Käse-Apfel-Mischung einschichten. Dazwischen gewaschene und getrocknete Rosinen streuen. Letzte Schicht: Sauerkraut. Für die Eiermilch Zwiebel schälen und in eine Schüssel reiben. Mit Eiern, Milch, Salz, Pfeffer und Muskatnuß verquirlen. Über das Sauerkraut verteilen. Butter in Flöckchen daraufsetzen. Form in den vorgeheizten Ofen auf die unterste Schiene stellen.
Garzeit: 30 Minuten.
Elektroherd: 200 Grad.
Gasherd: Stufe 4 oder knapp ½ große Flamme.
Tomaten unter kaltem Wasser abspülen, abtrocknen, Stengelansätze entfernen. Tomaten in dünne Scheiben schneiden. Nach 15 Minuten Garzeit

Würziges aus dem Ofen: Sauerkraut-Auflauf mit Pellkartoffeln und Rosinen.

die Tomatenscheiben auf den Auflauf legen und fertig backen. Schnittlauch unter kaltem Wasser abspülen, mit Haushaltspapier trockentupfen und in Röllchen schneiden. Form aus dem Ofen nehmen.
Auflauf mit Schnittlauch bestreuen und sofort servieren.
Vorbereitung: 20 Minuten.
Zubereitung: 35 Minuten.

Wirsing ungarische Art

1000 g Wirsing,
½ l Wasser,
Salz,
150 g durchwachsener Speck,
2 kleine Zwiebeln,
1 Eßlöffel Rosenpaprika,
⅛ l saure Sahne.

Wirsing vierteln, waschen, abtropfen lassen, den Strunk ausschneiden, die Wirsingviertel in dünne Streifen schneiden oder fein hobeln. Wasser in einem großen Topf sprudelnd aufkochen lassen und salzen. Wirsing hineingeben. Zugedeckt 25 Minuten kochen. Auf einem Sieb abtropfen lassen.
Während der Wirsing kocht, den Speck würfeln und die Zwiebeln schälen und fein hacken.
Speck in einem Topf in 5 Minuten glasig braten. Zwiebeln zugeben und unter Rühren in weiteren 6 Minuten hellbraun werden lassen. Wirsing dazugeben. Mit Paprika bestäuben und unter Rühren 2 Minuten braten. Saure Sahne unterrühren. Wirsing mit Salz abschmecken.
Wirsing ungarische Art in einer vorgewärmten Schüssel servieren.
Vorbereitung: 15 Minuten.
Zubereitung: 40 Minuten.

Sahnewirsing

1000 g Wirsing,
75 g durchwachsener Speck,
2 Zwiebeln,
25 g Butter,
Salz,
weißer Pfeffer,
je 1 Prise gemahlener Kümmel und Zucker,
⅛ l Weißwein,
¼ l Sahne,
1 Eßlöffel Mehl.

Wirsing putzen, waschen und abtropfen lassen. Vierteln, Strunk herausschneiden, Kohl in 1 cm breite Streifen schneiden. Speck ½ cm groß würfeln. Zwiebeln schälen und fein hakken. Speckwürfel in einem Topf 3 Minuten ausbraten. Butter zugeben und erhitzen. Zwiebeln darin in 3 Minuten glasig braten. Wirsing, Gewürze und Weißwein zugeben. Zugedeckt 35 Minuten dünsten.
Sahne mit Mehl verquirlen und unter den Wirsing rühren. 5 Minuten kochen lassen. Abschmecken und sofort servieren.
Vorbereitung: 10 Minuten.
Zubereitung: 40 Minuten.

Kohlpudding

1 Kopf Wirsing (1000 g),
Salz,
Margarine zum Einfetten,
1 Zwiebel,
1 Bund Petersilie,
20 g Butter,
je ½ Teelöffel Basilikum und Thymian (beides getrocknet),
250 g Hackfleisch vom Rind,
100 g Hackfleisch vom Schwein,
30 g Semmelbrösel,
1 Ei,
Salz,
1 Teelöffel Paprika edelsüß.

Wirsing putzen, Blätter ablösen. In siedendes Salzwasser geben. 5 Minuten kochen, herausnehmen, auf einem Sieb abtropfen lassen.
Eine Puddingform gut einfetten. Mit den großen Wirsingblättern auslegen. Den übrigen Kohl fein schneiden.
Zwiebel schälen und fein hacken. Petersilie waschen, trockentupfen und hacken. Butter in einer Pfanne erhitzen. Die Zwiebeln darin anbraten. Petersilie, Basilikum und Thymian zugeben. 1 Minute mitbraten. Das Hackfleisch mit der Zwiebel-Kräuter-Mischung, Semmelbröseln, Ei, Salz und Paprika in eine Schüssel geben. Zu einem Teig verkneten. Den fein geschnittenen Kohl untermischen. Pikant abschmecken. In die ausgelegte Puddingform drücken. Puddingform fest verschließen. In einen Topf mit kochendem Wasser stellen. Das Wasser darf nur bis 2 Fingerbreit unter den Rand der Form reichen. Den Kohlpudding bei mittlerer Hitze in 60 Minuten garen.
Form öffnen. Pudding 5 Minuten ausdampfen lassen. Auf eine vorgewärmte Platte stürzen. Wenn der Pudding viel Saft gebildet hat, vor dem Stürzen etwas Saft abgießen. Dann sofort servieren.
Vorbereitung: 20 Minuten.
Zubereitung: 90 Minuten.

Wurzelgemüse

Möhren in Ingwersoße

500 g Möhren,
200 g frische Champignons,
20 g Butter,
½ l heißes Wasser,
Salz,
weißer Pfeffer,
1 Prise Zucker.
Für die Ingwersoße:
1 Zwiebel,
1 Knoblauchzehe,
Salz,
30 g Butter,
30 g Mehl,
⅛ l heiße Fleischbrühe,
1 eingelegte Ingwerpflaume,
⅛ l Sahne,
je 1 Messerspitze gemahlener Ingwer und Senfpulver.

Möhren putzen, waschen und abtropfen lassen. In etwa ½ cm dicke Scheiben schneiden. Champignons putzen, waschen und in dünne Scheiben schneiden. Butter im Topf erhitzen, Möhren und Champignonscheiben darin anbraten. Wasser zugießen. Mit Salz, Pfeffer und Zucker würzen. Zugedeckt 20 Minuten dünsten. Möhren und Champignons auf einem Sieb abtropfen lassen. Kochwasser auffangen.

Für die Ingwersoße Zwiebel schälen und hacken. Knoblauchzehe schälen und mit Salz zerdrücken. Butter in einem Topf erhitzen. Zwiebel und Knoblauch darin in 3 Minuten glasig braten. Mehl dazugeben und 2 Minuten unter Rühren durchschwitzen. Das Kochwasser der Möhren mit der Fleischbrühe in den Topf rühren.

Aufkochen und 5 Minuten kochen lassen.

Ingwerpflaume fein hacken. Mit den Möhren- und Champignonscheiben in die Soße geben. Sahne einrühren. Ingwer und Senfpulver zugeben. Soße erhitzen, aber nicht mehr kochen lassen.

In eine vorgewärmte Schüssel geben und sofort servieren.

Vorbereitung: 20 Minuten.
Zubereitung: 30 Minuten.

Möhrenpfanne

500 g Möhren,
2 Stangen Lauch/Porree,
40 g Butter, ¼ l Weißwein,
Salz, weißer Pfeffer,
250 g Hackfleisch vom Rind,
½ Teelöffel Worcestersoße,
½ Bund Petersilie.

Möhren putzen, waschen, abtropfen lassen und in 2 cm lange Stifte schneiden. Lauch putzen, waschen und abtropfen lassen. In 1 cm breite Ringe schneiden.
Die Hälfte der Butter in einem Topf erhitzen. Möhren darin 3 Minuten braten. Weißwein zugießen. Das Gemüse zugedeckt 15 Minuten bei schwacher Hitze leise kochen lassen. Dann Lauchringe zugeben. Mit Salz und Pfeffer würzen. Nochmals 15 Minuten kochen lassen.
Hackfleisch mit der Gabel auf einem Teller zerdrücken. Mit Salz und Pfeffer würzen. Restliche Butter in einer Pfanne erhitzen. Hackfleisch darin rundherum anbraten. Zum Gemüse geben. Mit Worcestersoße abschmecken. Petersilie unter kaltem Wasser waschen, trockentupfen, fein hacken.
Gemüse-Fleisch-Mischung in eine vorgewärmte Schüssel geben. Mit der Petersilie bestreuen.
Vorbereitung: 20 Minuten.
Zubereitung: 40 Minuten.

Möhrenpfanne mit jungen Möhren, Lauch und Hackfleisch.

Möhren glasiert

750 g sehr kleine Möhren oder Karotten,
50 g Butter,
50 g Zucker,
¼ l heiße Fleischbrühe,
Salz,
frisch gemahlener schwarzer Pfeffer,
1 Bund Petersilie.

Möhren glasiert findet man auf den Speisekarten guter Restaurants häufig auch unter der Bezeichnung »Möhren Vichy«. Das bedeutet nichts anderes, als daß früher zum Kochen der Möhren statt Fleischbrühe das berühmte Vichy-Wasser, ein Mineralwasser ohne Kohlensäure, verwendet wurde.
Möhren schälen und unter fließendem Wasser abspülen, abtropfen lassen. Größere Möhren halbieren oder vierteln. Butter in einem Topf erhitzen. Möhren hineingeben. Mit Zucker bestreuen. Unter Rühren so lange braten, bis sich der Zucker gelöst hat. Mit Fleischbrühe begießen. Mit Salz und Pfeffer kräftig würzen. Zugedeckt 15 Minuten dünsten. Den Topf dabei hin und wieder rütteln.
Deckel abnehmen. Möhren noch 5 Minuten weiterdünsten, bis die Flüssigkeit verdampft ist und die Möhren eine braune, glänzende Glasur haben. In eine vorgewärmte Schüssel geben.
Mit abgespülter, trockengetupfter und gehackter Petersilie bestreut sofort servieren.

Glasierte Möhren sind eine besonders feine Gemüsebeilage.

Vorbereitung: 20 Minuten.
Zubereitung: 25 Minuten.
Möhren glasiert passen zu vielen Fleischgerichten.

Rettichgemüse

Für das Gemüse:
4 weiße Rettiche (600 g),
½ l Wasser,
Salz,
1 Prise Zucker.

Für die Soße:
20 g Butter, 20 g Mehl,
⅛ l heiße Fleischbrühe,
⅛ l heiße Milch,
1 Prise Zucker,
Kräutersalz, weißer Pfeffer,
1 Eßlöffel Weißwein,
1 Eigelb,
1 Eßlöffel Sahne,
½ Teelöffel Zitronensaft,
1 Bund Petersilie.

Rettiche abspülen, schälen und in dünne Scheiben schneiden. Das geht

am besten auf einem Gurkenhobel. Wasser mit Salz und Zucker in einem Topf aufkochen. Die Rettichscheiben hineingeben. Bei mittlerer Hitze in 20 Minuten gar kochen.
In der Zwischenzeit für die Soße Butter in einem Topf erhitzen. Mehl einrühren und hellgelb anschwitzen lassen. Heiße Fleischbrühe und Milch unter Rühren aufgießen. 5 Minuten kochen. Mit Zucker, Kräutersalz, Pfeffer und Weißwein würzen. Topf vom Herd nehmen. Eigelb mit Sahne und etwas Soße in einer Tasse verquirlen und in die Soße rühren.
Rettichscheiben abtropfen lassen. Mit Zitronensaft in die Soße geben. Erhitzen, aber nicht mehr kochen lassen.
Gemüse in eine Schüssel geben und mit gehackter Petersilie bestreut servieren.
Vorbereitung: 15 Minuten.
Zubereitung: 30 Minuten.

Rettich mit Roquefortsoße

2 große Rettiche von je 250 g,
Salz,
weißer Pfeffer,
50 g Roquefortkäse,
8 Eßlöffel saure Sahne,
1 Teelöffel Zitronensaft,
je ½ Bund Schnittlauch und Petersilie.

Rettiche unter kaltem Wasser gründlich bürsten, dünn schälen und in hauchdünne Scheiben schneiden oder auf der groben Rohkostreibe reiben. In eine Schüssel geben, mit Salz und Pfeffer bestreuen. Zugedeckt beiseite stellen.
Roquefort in einer Schüssel mit einer Gabel zerdrücken. Mit Sahne und Zitronensaft glattrühren. Schnittlauch und Petersilie unter kaltem Wasser waschen. Mit Haushaltspapier trockentupfen.
Schnittlauch in Röllchen schneiden und Petersilie hacken. In die Roquefortsoße geben.
Rettichscheiben in der Schüssel mischen (eventuell etwas Wasser abgießen). Roquefortsoße darübergießen und locker unter den Salat heben.
In einer Salatschüssel anrichten.
Vorbereitung: 20 Minuten.
Zubereitung: 10 Minuten.

Rote Bete-Gemüse

750 g Rote Bete,
1½ l Wasser,
Salz,
30 g Schweineschmalz,
15 g Mehl,
¼ l heißes Wasser,
1 kleine Zwiebel,
5 Nelken,
1 Teelöffel Zucker,
½ Teelöffel Zimt,
Salz,
weißer Pfeffer,
Saft einer halben Zitrone,
2 Eßlöffel saure Sahne.

Rote-Bete-Suppe aus Polen.

Wurzeln und Blätter der Roten Bete abschneiden. Sie sollen nicht zu kurz sein, damit die Knollen nicht ausgelaugt werden.
Knollen unter fließend kaltem Wasser mit einer Bürste gründlich reinigen. Wasser mit Salz in einem Topf aufkochen.
Rote Bete hineingeben (sie müssen ganz mit Wasser bedeckt sein), wieder aufkochen lassen und bei schwacher Hitze 80 Minuten garen. Aus dem Topf nehmen. Mit kaltem Wasser abschrecken. Schälen. In Scheiben schneiden.
Schmalz in einem Topf erhitzen. Mehl darin unter Rühren hellgelb anschwitzen. Nach und nach mit Wasser auffüllen. Zwiebel schälen, reiben. Zusammen mit Nelken, Zucker und Zimt in die Mehlschwitze geben. Mit Salz und Pfeffer pikant abschmecken. 5 Minuten schwach kochen lassen. Rote Bete in die Soße geben. Nochmals kurz aufkochen lassen. Topf vom Herd nehmen. Zitronensaft und saure Sahne einrühren.
Rote Bete-Gemüse abschmecken und servieren.
Vorbereitung: 20 Minuten.
Zubereitung: 90 Minuten.

Rote-Bete-Suppe polnisch

½ l Saft von eingelegten Roten Beten,
⅛ l Saft von Salzgurken,
20 g Grieß,
1 Eigelb,
⅛ l saure Sahne,
Salz,
schwarzer Pfeffer,
2 hartgekochte Eier.

Kenner schätzen diese polnische Spezialität. Versuchen Sie doch einmal, ob die Rote-Bete-Suppe auch nach Ihrem Geschmack ist.
Rote-Bete- und Salzgurkensaft aufkochen. Grieß einrühren. 10 Minuten leicht kochen lassen. Vom Herd nehmen. Etwas Suppe mit dem Eigelb und der sauren Sahne verrühren. In die Suppe gießen und umrühren. Nicht mehr kochen lassen. Die Suppe salzen und pfeffern. Die abgekühlte Suppe in den Kühlschrank stellen. In Suppentassen servieren und mit Eischeiben garnieren.
Zubereitung: 15 Minuten.

Teltower Rübchen mit Zucker glasiert.

Teltower Rübchen glasiert

800 g Teltower Rübchen,
40 g Butter,
40 g Zucker,
⅛ l heiße Fleischbrühe,
Salz.

Teltower Rübchen schälen, waschen und gut abtropfen lassen.
Butter in einem Topf erhitzen. Zucker darin unter Rühren schmelzen und in 2 Minuten hell karamelisieren lassen. Langsam die heiße Fleischbrühe einrühren. Mit Salz abschmecken.
Teltower Rübchen in den Sud geben und bei schwacher Hitze 45 Minuten im offenen Topf dünsten, bis die Flüssigkeit fast verdampft ist. Topf zwischendurch leicht schütteln, damit alle Rübchen gleichmäßig glasiert werden.
Vorbereitung: 15 Minuten.
Zubereitung: 55 Minuten.

Ein richtiges Winter-Gemüsegericht sind Schwarzwurzeln in Schinkensoße.

Schwarzwurzeln in Schinkensoße

800 g Schwarzwurzeln,
2 Eßlöffel Essig,
½ l Wasser,
Salz,
Saft einer halben Zitrone.
Für die Schinkensoße:
125 g gekochter Schinken,
30 g Butter,
30 g Mehl,
¼ l Milch,
¼ l Gemüsewasser,
Salz,
geriebene Muskatnuß.

Schwarzwurzeln gründlich unter kaltem Wasser abbürsten. Schaben und sofort in eine Schüssel mit Essigwasser legen, damit sie schön weiß bleiben. Dann in 5 cm lange Stücke schneiden. Wasser mit Salz und Zitronensaft in einem Topf aufkochen. Schwarzwurzeln hineingeben. 30 Minuten kochen lassen. Brühe auffangen. ¼ l Brühe abmessen.
Für die Soße den Schinken in feine Streifen schneiden. Butter in einem Topf erhitzen. Mehl zugeben und unter Rühren 2 Minuten durchschwitzen. Milch und Gemüsewasser langsam angießen. Soße 5 Minuten unter Rühren kochen lassen.

Schinkenstreifen hineingeben. Soße mit Salz und Muskat abschmecken. Schwarzwurzeln darin in 3 Minuten erhitzen, aber nicht mehr kochen lassen. In einer vorgewärmten Schüssel servieren.
Vorbereitung: 30 Minuten.
Zubereitung: 40 Minuten.

Schwarzwurzeln überbacken

Für die Schwarzwurzeln:
1000 g Schwarzwurzeln,
2 Eßlöffel Essig,
1 l Wasser,
Salz,
2 Eßlöffel Zitronensaft.
Für die helle Soße:
30 g Butter,
40 g Mehl,
¼ l heiße Fleischbrühe,
¼ l heiße Milch,
Salz,
weißer Pfeffer,
1 Prise Zucker,
2 Eigelb,
Cayennepfeffer,
1 Prise geriebene Muskatnuß.
Außerdem:
250 g gekochter Schinken (in Scheiben geschnitten),
Margarine zum Einfetten,
50 g geriebener Emmentaler Käse,
20 g Butter.

Schwarzwurzeln gut unter kaltem Wasser abbürsten. Schaben und sofort in eine Schüssel mit Essigwasser

Schwarzwurzeln überbacken mit Schinken.

legen, bis alle Wurzeln fertig sind. Dann in 5 cm lange Stücke schneiden. 1 l Wasser mit Salz und Zitronensaft in einem Topf sprudelnd aufkochen lassen. Die Schwarzwurzeln hineingeben. Zugedeckt 20 Minuten kochen lassen.
In der Zwischenzeit für die Soße Butter in einem Topf erhitzen. Mehl zugeben und unter Rühren in 3 Minuten durchschwitzen lassen. Nach und nach Fleischbrühe und Milch einrühren. 8 Minuten bei schwacher Hitze köcheln lassen. Mit Salz, Pfeffer und Zucker abschmecken. Topf vom Herd nehmen.
Eigelb in einer Tasse mit etwas Soße

verquirlen. In die Soße rühren. Nicht mehr kochen lassen. Mit Cayennepfeffer und Muskat würzen.
Schinken in 1 cm breite, 3 cm lange Streifen schneiden. Schwarzwurzeln abtropfen lassen. Eine feuerfeste Form mit Margarine einfetten. Abwechselnd Schwarzwurzeln und Schinken einschichten. Mit Soße übergießen. Käse darüberstreuen. Butter in einer kleinen Pfanne zerlassen. Käse damit gleichmäßig beträufeln. Form in den vorgeheizten Ofen auf die mittlere Schiene stellen.
Backzeit: 15 Minuten.
Elektroherd: 220 Grad.
Gasherd: Stufe 5 oder ½ große Flamme.
Form aus dem Ofen nehmen. Schwarzwurzeln darin servieren.
Vorbereitung: 20 Minuten.
Zubereitung: 40 Minuten.

Sellerie gefüllt

4 junge Sellerieknollen von je 200 g,
1 l Wasser,
Salz,
50 g durchwachsener Speck,
1 Zwiebel,
200 g gemischtes Hackfleisch,
1 Eßlöffel Semmelbrösel,
Salz,
weißer Pfeffer,
Margarine zum Einfetten,
4 dünne Scheiben fetter Speck.
Für die Soße:
30 g Butter,
30 g Mehl,
½ l heiße Selleriebrühe,
Salz,
weißer Pfeffer,
3 Eßlöffel saure Sahne.

Sellerieknollen unter kaltem Wasser gründlich abbürsten und schälen. Wasser in einem Topf aufkochen und salzen. Sellerieknollen darin 20 Minuten bei schwacher Hitze kochen lassen. Mit dem Schaumlöffel herausheben, abtropfen und etwas abkühlen lassen (Gemüsebrühe aufheben). Deckel abschneiden und die Knollen mit einem Löffel innen aushöhlen. Speck fein würfeln. In einem Topf 3 Minuten anbraten. Geschälte, fein gehackte Zwiebel zugeben und in 5 Minuten goldbraun braten. Hackfleisch unterrühren und anbraten. Das ausgehöhlte Selleriefleisch von 2 Knollen fein hacken. Mit den Semmelbröseln zum Hackfleisch in den Topf geben und alles gut mischen. Mit Salz und Pfeffer pikant abschmecken. Sellerieknollen mit der Fleischfarce füllen. In eine eingefettete feuerfeste Form geben. Abgeschnittene Deckel wieder aufsetzen. Je eine Speckscheibe darauflegen. Form in den vorgeheizten Ofen auf die mittlere Schiene stellen.
Backzeit: 40 Minuten.
Elektroherd: 200 Grad.
Gasherd: Stufe 4 oder knapp ½ große Flamme.
In der Zwischenzeit für die Soße Butter in einem Topf erhitzen. Mehl zugeben und 3 Minuten durchschwitzen lassen.
Langsam die Selleriebrühe einrühren.

Sellerieknollen mit einer würzige Hackfleischmasse gefüllt.

Mit Salz und Pfeffer abschmecken. Soße 7 Minuten leicht kochen lassen. Topf vom Herd nehmen. Sahne in die Soße rühren.
Gefüllten Sellerie aus dem Ofen nehmen. In der Form servieren. Soße getrennt reichen.
Vorbereitung: Ohne Abkühlzeit 15 Minuten.
Zubereitung: 75 Minuten.

Sellerie spanische Art

1 große Sellerieknolle von 750 g,
1 l Wasser,
Salz, 250 g Tomaten.

Für die Soße:
1 Zwiebel,
30 g Butter,
30 g Mehl,
Salz,
weißer Pfeffer,
1 Bund Petersilie.

Sellerieknolle unter fließendem Wasser abbürsten und schälen. Mit dem Kartoffelausstecher olivenförmige Kugeln ausstechen.
Wasser in einem Topf aufkochen und salzen. Selleriekugeln hineingeben, einmal aufkochen lassen. Topf vom Herd nehmen. Sellerie 5 Minuten ziehen lassen. Zum Abtropfen auf ein Sieb geben. Dabei die Gemüsebrühe auffangen und 3/8 l beiseite stellen.

Tomaten kochendheiß überbrühen, häuten, vierteln, entkernen und die Stengelansätze ausschneiden. Das Fruchtfleisch würfeln.
Für die Soße Zwiebel schälen und würfeln. Butter in einem Topf erhitzen. Zwiebelwürfel darin in 5 Minuten goldgelb braten. Mehl zugeben. Unter Rühren 2 Minuten durchschwitzen. Langsam die Gemüsebrühe angießen. Soße 5 Minuten kochen lassen. Mit Salz und Pfeffer abschmecken. Selleriekugeln und Tomatenwürfel hineingeben. Bei schwacher Hitze in 20 Minuten gar ziehen lassen.
Petersilie waschen, trockentupfen und hacken. Sellerie mit Petersilie bestreut in einer vorgewärmten Schüssel servieren.
Vorbereitung: 30 Minuten.
Zubereitung: 30 Minuten.

Sellerie-Plaki

1 Sellerieknolle (750 g),
½ l heiße Fleischbrühe,
je 1 Bund Petersilie und Dill,
5 Eßlöffel Öl,
2 Eßlöffel Zitronensaft,
Salz,
weißer Pfeffer,
50 g Semmelbrösel.

Sellerie spanische Art mit Tomaten.

Plaki ist ein Gemüsegericht aus der griechischen Küche. Es wird meistens kalt als Vorspeise serviert.
Sellerieknolle unter kaltem Wasser abbürsten, schälen und in 3 mm dicke Scheiben schneiden. In eine Schüssel legen. Mit heißer Fleischbrühe übergießen und zugedeckt 10 Minuten ziehen lassen. In der Zwischenzeit Petersilie und Dill unter kaltem Wasser waschen, trockentupfen und grob hacken.
Öl in einem Topf erhitzen. Die Hälfte der gut abgetropften Selleriescheiben hineingeben. Mit einem Eßlöffel Zitronensaft beträufeln, mit Salz und Pfeffer würzen. Die Hälfte der gehackten Kräuter und Semmelbrösel darüberstreuen.
In der gleichen Reihenfolge wiederholen. Dann ¼ l der Fleischbrühe darübergießen. Die Selleriescheiben zugedeckt bei schwacher Hitze in 40 Minuten gar ziehen lassen. Sellerie-Plaki sofort in der Form heiß servieren oder bis zum Servieren kalt stellen.
Vorbereitung: 15 Minuten.
Zubereitung: 60 Minuten.

Sellerie in Zitronensoße

1 Sellerieknolle von 450 g,
30 g Butter,
Salz,
weißer Pfeffer,
⅜ l heiße Fleischbrühe,
3 Eigelb,
3 Eßlöffel Zitronensaft.

Sellerie-Plaki ißt man kalt.

Sellerieknolle unter fließendem Wasser abbürsten, schälen und in Scheiben schneiden.
Butter in einem Topf erhitzen. Selleriescheiben hineingeben. Auf jeder Seite 2 Minuten anbraten und mit Salz und Pfeffer würzen. Fleischbrühe darübergießen. 20 Minuten kochen lassen.
Eigelb in einer Tasse mit Zitronensaft und 2 Eßlöffel Fleischbrühe verquirlen. In die Brühe rühren. Topf vom Herd nehmen. Soße mit Salz und Pfeffer abschmecken. Selleriescheiben in

einer vorgewärmten Schüssel mit der Soße servieren.
Vorbereitung: 20 Minuten.
Zubereitung: 30 Minuten.

Selleriesuppe Straßburger Art

1 kleine Sellerieknolle,
Saft einer halben Zitrone,
1 Zwiebel,
40 g Butter,
1 l heiße Fleischbrühe,
1 Eßlöffel Mehl,
1/8 l Sahne,
Salz,
weißer Pfeffer,
geriebene Muskatnuß,
2 Eigelb,
100 g gekochter Schinken,
10 g Butter.

Sellerie unter kaltem Wasser gründlich abbürsten. Schälen und fein raffeln. In einer Schüssel mit dem Zitronensaft mischen, damit der Sellerie nicht braun wird. Zwiebel schälen und fein hacken oder reiben.
Butter in einem Topf erhitzen. Zwiebelwürfel darin in 3 Minuten glasig braten. (Geriebene Zwiebel nur zwei Minuten dünsten.) Sellerie zugeben. Mit Brühe auffüllen. 20 Minuten zugedeckt kochen lassen. Mehl mit Sahne in einem Becher verquirlen. Langsam in die Suppe rühren. Suppe noch 5 Minuten schwach kochen lassen. Mit Salz, Pfeffer und Muskat abschmecken.
Eigelb in einer Tasse mit etwas Suppe verquirlen. Topf vom Herd nehmen. Suppe mit dem Eigelb legieren. Zugedeckt warm stellen, aber nicht mehr kochen lassen.
Die Fettränder vom Schinken entfernen. Den Schinken in 1/2 cm breite, 2 cm lange Streifen schneiden. Butter in einer Pfanne erhitzen. Schinkenstreifen 5 Minuten darin braten.
Suppe in eine vorgewärmte Terrine füllen. Mit Schinkenstreifen bestreut sofort servieren.
Vorbereitung: 10 Minuten.
Zubereitung: 40 Minuten.

Zwiebelgemüse

Lauch im Eierhemdchen

8 dünne Stangen Lauch/Porree von je 80 g,
1 l Wasser,
Salz,
1 Eßlöffel Öl,
geriebene Muskatnuß,
40 g Mehl,
1 Ei,
6 Eßlöffel Öl.
Für die Dip-Soße:
2 Eßlöffel Sojasoße,
1 Eßlöffel Zitronensaft,
Salz,
weißer Pfeffer,
1 Prise Zucker.

Das Rezept zu Lauch im Eierhemdchen kommt aus Korea und schmeckt ganz vorzüglich. Erstens, weil die zarten Lauchstückchen die knusprige Hülle haben und zweitens, weil sie in eine sehr pikante Soße getaucht werden.
Lauch putzen. Dunkelgrüne Blätter entfernen. Die Stangen unter kaltem Wasser gründlich waschen. Trockentupfen und schräg in 6 bis 8 cm lange Stücke schneiden.
Wasser mit Salz und Öl in einem Topf aufkochen. Lauchstücke hineingeben. Bei mittlerer Hitze in 10 Minuten im geschlossenen Topf gar kochen.
Mit einem Schaumlöffel herausnehmen. Auf einem Sieb abtropfen lassen. Dann mit geriebenem Muskat

Lauch im Eierhemdchen.

würzen. Mehl auf einen Teller geben. Ei auf einem zweiten verschlagen.

Öl in einer tiefen Pfanne sehr heiß werden lassen. Lauchstückchen zuerst in Mehl, dann in Ei wenden. Sofort in das heiße Fett geben. In 2 Minuten rundherum goldbraun und knusprig braten.

In der Zwischenzeit für den Dip Sojasoße, Zitronensaft, Salz, Pfeffer und Zucker in einer Schüssel verrühren.

Lauch im Eierhemdchen aus der Pfanne nehmen. Fett kurz abtropfen lassen. Auf eine vorgewärmte Platte legen. Sofort servieren. Die Soße getrennt reichen.

Vorbereitung: 10 Minuten.
Zubereitung: 20 Minuten.

Lauch überbacken

750 g Lauch/Porree,
1 l Wasser,
Salz,
weißer Pfeffer,
geriebene Muskatnuß,

Lauch überbacken mit dünnen Speckscheiben.

1 Prise Zucker,
150 g durchwachsener Speck (in hauchdünne Scheiben geschnitten),
50 g Butter,
4 Eigelb,
⅛ l Milch,
2 Eßlöffel geriebener Emmentaler,
2 Eßlöffel Semmelbrösel.
Für die Garnierung:
2 Tomaten,
½ Bund Petersilie.

Lauch putzen. Unter kaltem Wasser gründlich waschen. Abtropfen lassen. Stangen in der Mitte quer durchschneiden. Wasser mit Salz, Pfeffer, Muskat und Zucker in einem Topf aufkochen. Lauch hineingeben. 10 Minuten bei schwacher Hitze kochen lassen. Mit einem Schaumlöffel herausnehmen. Abtropfen lassen. In etwa zwei Drittel der Speckscheiben einrollen.
Feuerfeste Form mit etwas Butter einfetten. Mit den restlichen Speckscheiben auslegen.
Lauch hineingeben. Eigelb mit Milch verquirlen. Mit Salz und Muskat würzen. Über den Lauch gießen. Geriebenen Emmentaler und Semmelbrösel mischen. Über die Lauchrollen streuen. Restliche Butter in Flöckchen daraufsetzen. In den vorgeheizten Ofen auf die mittlere Schiene stellen.
Backzeit: 20 Minuten.
Elektroherd: 200 Grad.
Gasherd: Stufe 4 oder knapp ½ große Flamme.
Die Form herausnehmen. Tomaten und Petersilie unter kaltem Wasser abspülen. Mit Haushaltspapier trokkentupfen. Tomaten vierteln, die Stengelansätze ausschneiden. Petersilie zerpflücken. Mit Petersiliensträußchen und Tomatenvierteln garniert servieren.
Vorbereitung: 15 Minuten.
Zubereitung: 35 Minuten.

Lauch-Schinken-Pastete

Für die Füllung:
500 g Lauch/Porree,
¼ l Wasser,
Salz,
100 g durchwachsener Speck,
150 g gekochter Schinken,
3 Eier,
⅛ l saure Sahne,
4 Eßlöffel Sahne,
weißer Pfeffer,
geriebene Muskatnuß.
Für den Teig:
125 g Mehl,
½ Teelöffel Backpulver,
½ Teelöffel Senfpulver,
Salz, je eine Prise Estragon, Zitronenmelisse und Minze (alle Kräuter getrocknet),
100 g geriebener Chester oder Emmentaler Käse,
1 Zwiebel,
1 Ei,
2 Eßlöffel Milch,
35 g Butter,
Margarine zum Einfetten.

Für die Füllung Lauch putzen. Längs halbieren und unter kaltem Wasser

Lauch-Schinken-Pastete.

gründlich waschen. Abtropfen lassen. In etwa 1 cm lange Stücke schneiden. Wasser mit Salz in einem Topf aufkochen. Lauch hineingeben. 5 Minuten kochen lassen. Auf ein Sieb gießen. Abtropfen und erkalten lassen. Speck erst in dünne Scheiben und dann in etwa 1 cm breite Streifen schneiden. In einer Pfanne hellgelb ausbraten. Ebenfalls abkühlen lassen. Gekochten Schinken in 1 cm breite Streifen schneiden. Zum Speck geben. Eier in einem Becher mit Sahne, Salz, Pfeffer und Muskat verschlagen. Beiseite stellen.

Für den Teig Mehl auf die Arbeitsfläche geben, mit Backpulver mischen. In die Mitte eine Mulde drücken. Salz, Senfpulver, die Kräuter und den geriebenen Käse hineingeben. Zwiebel schälen und sehr fein hacken oder reiben. Mit Ei und Milch ebenfalls in die Mulde geben. Butter in Flöckchen auf dem Mehlrand verteilen. Von außen nach innen schnell einen glatten Teig kneten. Ausrollen.

Eine Springform mit einem Durchmesser von 26 cm mit Margarine einfetten. Teig hineingeben. Gleichmäßig auf dem Boden verteilen und einen hohen Rand formen. Den abgekühlten Lauch mit Speck und Schinken mischen. Auf dem Teigboden verteilen. Die Eier-Sahne-Masse darübergießen. Die Form in den vorgeheizten Ofen auf die untere Schiene stellen.

Backzeit: 45 Minuten.

Elektroherd: 200 Grad.

Gasherd: Stufe 4 oder knapp ½ große Flamme.

Herausnehmen. Die Pastete in 12 Stücke schneiden. Warm servieren.

Vorbereitung: 25 Minuten.

Zubereitung: Ohne Abkühlzeit 60 Minuten.

Schalotten gedünstet

750 g Schalotten,
50 g Butter,
1 Eßlöffel Zucker,
⅜ l heiße Fleischbrühe,
Salz,
weißer Pfeffer,
Paprika rosenscharf,
2 Eßlöffel Sahne.

Schalotten schälen. Butter in einem großen, flachen Topf erhitzen. Zucker hineingeben und unter Rühren hellgelb karamelisieren lassen. Schalotten 2 Minuten unter Wenden darin braten. Mit Fleischbrühe auffüllen.

Einmal aufkochen lassen. Schalotten bei schwacher Hitze im offenen Topf so lange dünsten, bis die Flüssigkeit fast eingekocht ist, mit Salz, Pfeffer und Paprika abschmecken. Zum Schluß die Sahne unterrühren.
Schalotten in einer vorgewärmten Schüssel servieren.
Vorbereitung: 10 Minuten.
Zubereitung: 25 Minuten.

Gefüllte Zwiebeln

1 Brötchen,
¼ l Wasser,
8 große Zwiebeln,
½ l Wasser,
Salz.

Mit Hackfleisch und Lachs gefüllte Zwiebeln.

Für die Füllung:
1 Dose Räucher-Seelachs (40 g),
250 g Hackfleisch,
1 Ei,
4 Teelöffel gehackte Zwiebeln (das Innere der großen Zwiebeln),
Pfeffer,
2 Eßlöffel Whisky,
60 g Butter,
¼ l heiße Fleischbrühe,
2 Eßlöffel Mehl,
Salz,
Pfeffer,
4 Eßlöffel saure Sahne.
Für die Garnierung:
1 Bund Petersilie.

Brötchen in kaltem Wasser einweichen. Zwiebeln schälen, mit spitzem Messer kreisrund einschneiden. Mit einem Eßlöffel aushöhlen. Zwiebelfleisch hacken. In Schälchen beiseite stellen.
Wasser mit Salz in einem Topf aufkochen. Zwiebeln darin 15 Minuten mehr ziehen als kochen lassen.
Räucher-Seelachs (zwei Scheiben für die Garnierung zurücklassen) klein schneiden. In eine Schüssel geben. Dazu das Hackfleisch, das Ei, das ausgedrückte Brötchen, etwas gehacktes Zwiebelfleisch, Pfeffer und Whisky geben und alles gut durchmischen. Zwiebeln damit füllen.
40 g Butter in einer feuerfesten Form erhitzen. Zwiebeln darin 5 Minuten anbraten. Restliche Butter in einer Pfanne erhitzen. Das übrige gewürfelte Zwiebelfleisch darin scharf anbraten. Zu den Zwiebeln in die feuerfeste Form geben. Fleischbrühe angießen.

Form zugedeckt mit Deckel oder Alufolie in den vorgeheizten Ofen auf die mittlere Schiene stellen.
Backzeit: 50 Minuten.
Elektroherd: 180 Grad.
Gasherd: Stufe 3 oder ⅓ große Flamme.
Nach 20 Minuten Backzeit den Dekkel abnehmen.
Mehl in einem Becher mit wenig kaltem Wasser verrühren. Bratfond damit binden. 7 Minuten bei schwacher Hitze kochen lassen. Mit Salz, Pfeffer und saurer Sahne würzen.
Für die Garnierung die beiden beiseite gelegten Räucher-Seelachsscheiben in Streifen schneiden. Kreuzweise auf die Zwiebeln legen. Petersilie waschen, trockentupfen, grob hakken und darüberstreuen. Gefüllte Zwiebeln in der Form servieren.
Vorbereitung: 45 Minuten.
Zubereitung: 70 Minuten.

Sahne-Zwiebeln

500 g kleine Zwiebeln,
40 g Butter,
¼ l Sahne,
1 Teelöffel Mehl,
1 Prise Salz, weißer Pfeffer,
etwas getrockneter Thymian und Estragon.

Zwiebeln schälen. Butter in einem Topf erhitzen. Zwiebeln darin in 5 Minuten goldgelb braten. Die Hälfte der Sahne zugießen, zugedeckt 15 Minuten weitergaren.
In der Zwischenzeit die restliche Sahne in einer Schüssel mit Mehl verrühren. Unter Rühren zu den Zwiebeln geben. 5 Minuten kochen lassen. Mit Salz, weißem Pfeffer, Thymian und Estragon pikant abschmecken. In einer vorgewärmten Schüssel anrichten und sofort servieren.
Vorbereitung: 20 Minuten.
Zubereitung: 35 Minuten.

Zwiebeln jüdische Art

Für die Füllung:
20 g Gänseschmalz,
1 Paket tiefgekühlter Grünkohl (400 g),
Salz,
weißer Pfeffer,
geriebene Muskatnuß,
4 große weiße Gemüsezwiebeln,
1 l Wasser,
Salz.
Außerdem:
Butter zum Einfetten,
20 g Semmelbrösel zum Bestreuen,
10 g Gänseschmalz.

Gänseschmalz in einem Topf erhitzen. Den leicht angetauten Grünkohl hineingeben. In 60 Minuten bei mittlerer Hitze garen. Mit Salz, Pfeffer und Muskat würzen. Topf vom Herd nehmen.
In der Zwischenzeit die Zwiebeln schälen. Wasser mit Salz in einem Topf aufkochen. Zwiebeln hineingeben und in 20 Minuten gar kochen.

Zwiebeln jüdische Art werden mit Grünkohl und Gänseschmalz zubereitet.

Zwiebeln mit einem Schaumlöffel aus dem Topf heben. Abtropfen und etwas abkühlen lassen. Dann von jeder Zwiebel einen Deckel abschneiden und die Zwiebeln bis auf einen dünnen Rand aushöhlen. Ausgehöhltes Zwiebelfleisch und die Deckel fein hacken. Mit dem Grünkohl mischen. Masse in die ausgehöhlten Zwiebeln füllen.

Feuerfeste Form mit Butter einfetten. Zwiebeln hineinsetzen. Mit Semmelbröseln bestreuen. Gänseschmalz in Flocken darauf verteilen. In den vorgeheizten Ofen auf die obere Schiene stellen.

Backzeit: 15 Minuten.

Elektroherd: 220 Grad.

Gasherd: Stufe 5 oder ½ große Flamme.

Herausnehmen und sofort in der Form servieren.

Vorbereitung: 15 Minuten.

Zubereitung: 65 Minuten.

Zwiebeln überbacken

1000 g große weiße Zwiebeln,
1 l heiße Fleischbrühe.
Für die Füllung:
100 g gemischtes Hackfleisch,
100 g gekochter Schinken,
1 Brötchen,
1 kleines Ei,
Salz,
schwarzer Pfeffer,
1 Prise zerriebener Majoran,
Butter zum Einfetten.
Zum Überbacken:
50 g geriebener Emmentaler,
3 Eßlöffel Semmelbrösel,
50 g Butter.

Zwiebeln schälen. Fleischbrühe in einem Topf zum Kochen bringen. Zwiebeln hineingeben. Zugedeckt 15 Minuten kochen lassen.
Zwiebeln mit einem Schaumlöffel herausheben, abtropfen und etwas abkühlen lassen. Mit einem Teelöffel aushöhlen. Die Fleischbrühe zugedeckt beiseite stellen.
Für die Füllung die ausgehöhlte Zwiebelmasse fein hacken. In eine Schüssel geben. Mit Hackfleisch mischen. Gekochten Schinken fein würfeln. In Wasser eingeweichtes Brötchen gut ausgedrückt mit dem Schinken zum Fleisch geben. Ei zufügen. Zu einem Fleischteig kneten.
Mit Salz, Pfeffer und Majoran pikant abschmecken. Die Füllung in die Zwiebeln geben.
Eine feuerfeste Form mit Butter einfetten. Zwiebeln hineinsetzen. Mit Käse und Semmelbröseln bestreuen. Butterflöckchen obenauf setzen. ¼ l Fleischbrühe zufügen. Die Form in den vorgeheizten Ofen auf die mittlere Schiene stellen.
Garzeit: 35 Minuten.
Elektroherd: 200 Grad.
Gasherd: Stufe 4 oder knapp ½ große Flamme.
Herausnehmen und sofort in der Form servieren.
Vorbereitung: 25 Minuten.
Zubereitung: 55 Minuten.

Zwiebelkuchen

1 Paket tiefgekühlter Blätterteig (300 g),
750 g Zwiebeln,
250 g durchwachsener Speck,
50 g Butter,
Mehl zum Ausrollen,
3 Eier,
¼ l saure Sahne,
Salz,
1 Teelöffel Kümmel.

Blätterteig nach Vorschrift auftauen lassen.
Zwiebeln schälen und in dünne Ringe schneiden. Speck fein würfeln. In einer Pfanne 3 Minuten anbraten. Butter zugeben und erhitzen. Zwiebelscheiben darin 10 Minuten glasig braten.
Teig auf der bemehlten Arbeitsfläche ½ cm dick ausrollen. Eine Springform (26 cm Durchmesser) mit kaltem

Zum jungen Wein schmeckt am besten ein Stück frisch gebackener Zwiebelkuchen.

Wasser ausspülen. Springformboden und -rand mit Blätterteig auslegen. Boden mit einer Gabel mehrere Male einstechen.

Zwiebeln auf dem Teig verteilen. Eier in einer Schüssel mit Sahne, Salz und Kümmel verrühren. Über die Zwiebeln gießen.

Form in den vorgeheizten Ofen auf die mittlere Schiene stellen.
Backzeit: 40 Minuten.
Elektroherd: 220 Grad.
Gasherd: Stufe 5 oder ½ große Flamme.
Kuchen aus dem Ofen nehmen. Springformrand lösen. Zwiebelkuchen auf eine Platte gleiten lassen. In 8 Stücke schneiden und sofort servieren.
Vorbereitung: Ohne Auftauzeit 30 Minuten.
Zubereitung: 65 Minuten.

Zwiebel-Cremesuppe

750 g Zwiebeln,
50 g durchwachsener Speck,
¼ l heißes Wasser,
Salz, 1 Prise Zucker,
30 g Butter, 30 g Mehl,
½ l heiße Fleisch- oder Gemüsebrühe,
je ⅛ l Milch und Sahne,
1 Eigelb, weißer Pfeffer.
Außerdem:
2 Scheiben Toastbrot, 20 g Butter.

Zwiebeln schälen und in Ringe schneiden. Speck würfeln und in einem Topf auslassen. Zwiebelringe hineingeben und in 3 Minuten glasig werden lassen. Heißes Wasser zugießen. Mit Salz und Zucker würzen. Zugedeckt 20 Minuten kochen lassen. Zwiebeln durch ein Sieb in einen Topf passieren. Warm stellen.
Butter erhitzen. Mehl zugeben und 2 Minuten durchschwitzen lassen. Durchgesiebte Zwiebelmasse, heiße Brühe und Milch unter Rühren zugießen. 5 Minuten kochen lassen. Topf vom Herd nehmen. Sahne mit Eigelb und etwas Suppe in einem Becher verquirlen. In die Suppe rühren. Suppe nochmals erhitzen, aber nicht mehr kochen lassen. Mit Salz, Zucker und Pfeffer abschmecken.
Zwischendurch die Toastbrotscheiben entrinden und in ½ cm große Würfel schneiden. Butter in einer Pfanne erhitzen. Brotwürfel darin in 5 Minuten goldgelb braten. Zwiebel-Cremesuppe in eine vorgewärmte Terrine füllen.
Die gerösteten Weißbrotwürfel separat dazu servieren.
Vorbereitung: 25 Minuten.
Zubereitung: 35 Minuten.

Fruchtgemüse

Auberginen Marseiller Art

4 Auberginen,
Salz,
1 Eßlöffel Zitronensaft,
Pfeffer,
Paprika rosenscharf,
2 Knoblauchzehen,
½ Bund gehackte Petersilie,
je 1 Prise Thymian und gehackte Rosmarinnadeln,
2 Eßlöffel Semmelbrösel,
Olivenöl,
4 Tomaten.

Auberginen waschen, abtrocknen, Stengel abschneiden. Die ganzen Früchte 15 Minuten in gesalzenem Wasser kochen. Halbieren. Schnittflächen zuerst salzen und dann mit Zitronensaft beträufeln. Paprika, geschälte und gehackte Knoblauchzehen, Petersilie, Thymian und Rosmarin miteinander vermischen. Die Auberginenhälften damit bestreichen. Mit etwas gutem Olivenöl beträufeln. Für 5 bis 7 Minuten bei 250 Grad unter den Grill schieben. Die Tomaten mit kochendem Wasser übergießen, die Haut abziehen, die Stielansätze ausschneiden. Tomaten in Würfel schneiden und auf die Auberginen verteilen. Leicht salzen. Mit Öl beträufeln. Noch etwa 5 Minuten grillen.

Vorbereitung: 40 Minuten.
Zubereitung: 15 Minuten.

Auberginen fritiert

Für 8 Personen

2 Auberginen (je 400 g),
Salz, Mehl.
Für den Teig:
125 g Mehl,
⅛ l Bier,
1 Eigelb,
¼ Teelöffel Cayennepfeffer,
Salz, Paprika rosenscharf,
Öl zum Fritieren.

Auberginen oder Eierfrüchte – ein köstliches Fruchtgemüse.

Fritierte Auberginen schmecken wirklich gut. Sie sind eine köstliche Vorspeise oder ein aparter Imbiß für zwischendurch.
Auberginen waschen, abtrocknen, Stengelansatz abschneiden, die Früchte in ½ cm dicke Scheiben schneiden. Leicht salzen und 30 Minuten ziehen lassen.
Mehl in eine Schüssel geben. Bier zugießen und mit dem Mehl verrühren. Dann die übrigen Zutaten zugeben. Teig abschmecken.
Öl im Fritiertopf auf 175 Grad erhitzen. Gesalzene Auberginenscheiben ausdrücken und einzeln in Mehl wenden.
Im Teig wenden und in Fett schwimmend gut 5 Minuten fritieren. Sie sollen auf beiden Seiten goldgelb sein. Auf Küchenpapier abtropfen lassen und servieren.
Vorbereitung: 20 Minuten.
Zubereitung: 15 Minuten.

Auberginen-Salat Madrid

2 Auberginen (je 300 g),
½ Tasse Olivenöl,
Salz,
1 Knoblauchzehe,
4 Tomaten,
1 grüne Paprikaschote,
1 gehackte Zwiebel,
Saft einer Zitrone,
1 Eßlöffel Tomatenmark,
je zwei Stengel Kerbel, Estragon, Petersilie und Kresse,
schwarzer Pfeffer,
1 weiße Zwiebel,
Kresse zum Garnieren.

Auberginen waschen, abtrocknen, Stengelansatz abschneiden. Längs halbieren. Etwas Wasser in einem Topf erhitzen. Olivenöl dazugeben. Dann die geschälte und mit Salz zerriebene Knoblauchzehe sowie die Auberginenhälften gut 10 Minuten dünsten. Abkühlen lassen. In Scheiben schneiden. Brühe aufbewahren. Tomaten waschen, den Stengelansatz ausschneiden. Die Tomaten in Streifen schneiden.
Paprikaschote halbieren, Kerngehäuse ausschneiden, die Schoten waschen und in schmale Streifen schneiden. Mit Auberginenscheiben und Tomatenstreifen mischen. Auberginenbrühe mit gehackter Zwiebel, Zitronensaft, Tomatenmark, gehackten Kräutern, Pfeffer und Salz mischen. Würzig abschmecken. Über den Salat gießen. 60 Minuten im Kühlschrank

Auberginen-Salat Madrid mit feinem Olivenöl und Kräutern.

ziehen lassen. Die weiße Zwiebel schälen. In feine Ringe schneiden. Salat anrichten. Mit Zwiebelringen und Kresse garnieren.
Vorbereitung: 25 Minuten.
Zubereitung: 15 Minuten.

Türkisches Auberginen-Gemüse

Imam bayildi

4 Auberginen (600 g),
2 Eßlöffel Öl,
2 Zwiebeln,
500 g Tomaten,
20 g Butter,
2 Knoblauchzehen,
Salz, 1 Lorbeerblatt,
1 Zimtstange, weißer Pfeffer,
2 Bund Petersilie,
Butter zum Einfetten,
6 schwarze Oliven,
6 Sardellenringe aus dem Glas.

Imam nennen die Mohammedaner den Vorbeter in der Moschee. Wörtlich übersetzt heißt dieses Gericht: Der ohnmächtig gewordene Imam. Und das hat seinen Grund. Nach einer Sage soll es in Konstantinopel einen Imam gegeben haben, den ein köstliches Gericht aus Auberginen, Tomaten und Zwiebeln vor Begeisterung in Ohnmacht fallen ließ. Und seitdem nennt man in der Türkei dieses Auberginen-Gemüse Imam bayildi.
Von den Auberginen Stiele und Kappen abschneiden. Öl in einer Pfanne erhitzen. Früchte darin 5 Minuten braten. Aus der Pfanne nehmen. Die Haut abziehen. Die Früchte der Länge nach aufschlitzen und mit einem Löffel aushöhlen. Sie sollen aber noch zusammenhalten.

Türkisches Auberginen-Gemüse.

Zwiebeln schälen und in dünne Scheiben schneiden. Tomaten mit kochendem Wasser überbrühen, abziehen, Stengelansätze ausschneiden, die Tomaten in Scheiben schneiden. Butter in einer Pfanne erhitzen, Zwiebeln darin 5 Minuten goldgelb braten. Tomaten zugeben. 10 Minuten garen. Knoblauchzehen mit Salz zerdrükken. Mit Lorbeerblatt, Zimtstange, Salz und Pfeffer in die Pfanne geben. Petersilie waschen, trockentupfen und fein hacken. Ebenfalls in die Pfanne geben. Das Ganze 10 Minuten dünsten. Lorbeerblatt und Zimtstange herausnehmen. Die Masse in die Auberginen füllen.

Diese in eine eingefettete Auflaufform setzen. In den vorgeheizten Ofen auf die mittlere Schiene stellen.

Backzeit: 10 Minuten.

Elektroherd: 180 Grad.

Gasherd: Stufe 3 oder ⅓ große Flamme.

Form aus dem Ofen nehmen, mit Oliven und Sardellenringen garnieren. Das köstlich duftende Gericht heiß oder kalt servieren.

Vorbereitung: 15 Minuten.

Zubereitung: 30 Minuten.

Schmorgurken

1000 g Gärtnergurken,
100 g durchwachsener Speck,
1 Zwiebel,
½ Bund frischer Dill,
1 Eßlöffel Butter,
Salz,
weißer Pfeffer,
1 Teelöffel Mehl,
⅛ l Sahne,
Zucker,
1 Eßlöffel Essig.

Gurken waschen, schälen, längs halbieren und die Kerne herausschaben. In 2 cm breite Streifen schneiden.
Durchwachsenen Speck würfeln. Zwiebel schälen und fein hacken. Dill gut abspülen und fein schneiden.
Butter im Schmortopf erhitzen. Speck und Zwiebelwürfel darin in 5 Minuten glasig werden lassen. Gurken zugeben. Mit Salz und Pfeffer würzen. Zudecken und bei schwacher Hitze 20 Minuten dünsten. Die Gurken sollten keine Farbe annehmen, deshalb eventuell etwas Wasser angießen.
Gemüse mit Mehl bestäuben, verrühren und die Sahne zugießen. Bis zum Siedepunkt erhitzen. Vom Herd nehmen.
Mit Zucker und Essig abschmecken. Dill untermischen und das Gemüse in einer vorgewärmten Schüssel servieren.
Vorbereitung: 15 Minuten.
Zubereitung: 30 Minuten.

Schmorgurken mit Speck und Dill.

Serbische Gurken

100 g durchwachsener Speck,
20 g Butter oder Butterschmalz,
4 Zwiebeln,
1 Salatgurke,
1 rote Paprikaschote,
250 g Tomaten,
Salz,
Paprika rosenscharf,
Paprika edelsüß,
je ½ Teelöffel Kerbel und Estragon (alles getrocknet),
1 Teelöffel getrocknetes Basilikum,
1 Bund Petersilie,
1 kleiner Becher saure Sahne (100 g).

Speck würfeln. Butter oder Butterschmalz in einem großen Topf erhitzen. Speck darin in 5 Minuten glasig braten. Zwiebeln schälen und fein

Gemüseeintopf vom Balkan, serbische Gurken.

hacken. Im Speck in 5 Minuten hellgelb braten.
Gurke schälen, längs vierteln, Kerne mit einem Löffel herausheben. Das Fruchtfleisch würfeln. Paprikaschote halbieren, Kerne und Scheidewände entfernen, die Hälften kalt waschen, gut abtropfen lassen und in dünne Streifen schneiden. Streifen halbieren. Tomaten kochendheiß überbrühen, häuten, vierteln und die Stengelansätze ausschneiden.

Gemüse in den Topf geben. 15 Minuten zugedeckt garen. Mit Salz, Paprika, Kerbel, Estragon und Basilikum würzen.
Petersilie waschen, zusammen mit der sauren Sahne unters Gemüse mischen. Gemüse nochmals erhitzen, aber nicht mehr kochen lassen. In einer vorgewärmten Schüssel anrichten und sofort servieren.
Vorbereitung: 20 Minuten.
Zubereitung: 35 Minuten.

Gurkensuppe eisgekühlt

4 Becher Joghurt (je 150 g),
½ l Milch,
1 Glas Weißwein,
Saft einer halben Zitrone,
2 Schalotten,
1 kleine Knoblauchzehe,
Salz,
Pfeffer,
1 Prise Zucker,
1 Salatgurke,
1 Kästchen Kresse.

Joghurt mit Milch in einer tiefen Schüssel mit dem Schneebesen schlagen. Den Weißwein und Zitronensaft nach und nach unter Schlagen einrühren. Schalotten schälen und reiben. In die Suppe geben. Knoblauchzehe ebenfalls schälen. Mit Salz zerdrücken. Zusammen mit Pfeffer und Zucker in die Suppe rühren. Gurke schälen. Ein paar dünne Scheiben zum Garnieren abschneiden. Den Rest fein raffeln. In die Schüssel geben. Verrühren und zugedeckt etwa 60 Minuten im Kühlschrank durchziehen lassen. Die Kresse schräg unter Wasser abspülen. Die Blätter abschneiden. Mit den zurückgelassenen Gurkenscheiben in die Suppe geben.

Gurkensuppe eisgekühlt.

Vorbereitung: 20 Minuten.
Zubereitung: Ohne Marinierzeit 10 Minuten.

Gurkengemüse

2 Salatgurken,
2 Zwiebeln,
40 g Butter,
Salz, weißer Pfeffer,

Gurken-Eintopf mit Kartoffeln und Pilzen.

1 Prise Zucker,
Saft einer Zitrone,
⅛ l heiße Fleischbrühe aus Würfeln,
1 Eßlöffel Speisestärke,
3 Eßlöffel saure Sahne,
1 Bund Dill,
1 Bund Petersilie.

Gurken waschen, schälen und der Länge nach halbieren. Kerne mit einem Löffel herausheben. Fruchtfleisch in 2 cm breite Streifen schneiden.
Zwiebeln schälen. Fein hacken. Butter in einem Topf erhitzen. Zwiebeln darin glasig werden lassen. Gurkenstreifen zugeben. 5 Minuten unter Rühren anbraten. Mit Salz, Pfeffer, Zucker und Zitronensaft würzen. Heiße Fleischbrühe zugießen. Etwa 15 Minuten bei schwacher Hitze kochen lassen.
Speisestärke mit Sahne im Becher verquirlen. Unter Rühren ins kochende Gemüse geben. Durchkochen und vom Herd nehmen. Dill und Petersilie waschen. Trockentupfen. Fein hakken. Vor dem Servieren ins Gemüse mischen.
Vorbereitung: 20 Minuten.
Zubereitung: 30 Minuten.

Gurken-Eintopf

250 g Kartoffeln,
2 Salatgurken,
2 Zwiebeln,
200 g frische Champignons,
250 g Tomaten aus der Dose,
40 g Butter,
⅛ l heiße Fleischbrühe,
Salz,

Pfeffer,
1 Prise Zucker,
1 Bund Petersilie,
½ Bund Dill.

Kartoffeln schälen, waschen und in Würfel schneiden. Gurken waschen, schälen und in dicke Scheiben schneiden. Zwiebeln schälen und fein hacken. Die Champignons putzen, waschen und in Scheiben schneiden. Tomaten auf einem Sieb abtropfen lassen. Tomaten halbieren.
Butter im Topf erhitzen. Zwiebelwürfel darin glasig werden lassen. Kartoffelwürfel zugeben. Mit heißer Fleischbrühe begießen. In 10 Minuten bei mittlerer Hitze garen. Dann Gurkenscheiben und Champignonscheiben zugeben. Weitere 10 Minuten garen. Zum Schluß die halbierten Tomaten in dem Gemüse erhitzen. Mit Salz, Pfeffer und einer Prise Zukker würzen. Petersilie und Dill waschen, abtropfen lassen und hacken. In den Gemüsetopf geben und servieren.
Vorbereitung: 25 Minuten.
Zubereitung: 30 Minuten.

Kürbis süßsauer

1 Kürbis (1000 g),
500 g Zucker,
⅛ l Weinessig,
¼ l Wasser,
abgeriebene Schale und Saft einer Zitrone (unbehandelt),
½ Zimtstange,

Kürbis süßsauer.

3 Nelken,
1 Stück getrockneter Ingwer (etwa 1 cm).

Kürbis unter kaltem Wasser waschen. Abtropfen lassen, schälen, vierteln. Kerne entfernen. Das feste Fruchtfleisch in etwa 2 cm große Würfel schneiden. In eine Schüssel geben. Zucker mit Weinessig, Wasser, abgeriebener Zitronenschale und Zitronensaft in einem Topf aufkochen. Kürbisstücke hineingeben. Zimtstange, Nelken und Ingwer 30 Minuten mitkochen, dann herausnehmen. Kürbisstücke mit dem Saft in eine Schüssel geben, abkühlen lassen.
Vorbereitung: 10 Minuten.
Zubereitung: Ohne Kühlzeit 35 Minuten.
Kürbis süßsauer paßt zu Wild und Rindfleisch.

Kürbis-Gemüse

1500 g Kürbis,
2 Zwiebeln,
30 g Butter,
4 Tomaten,
⅛ l heiße Fleischbrühe aus Würfeln,
Salz,
weißer Pfeffer, 1 Prise Zucker,
Essig, 1 Eßlöffel Mehl,
1 Teelöffel Tomatenmark,
1 Bund Dill.

Kürbis schälen, entkernen. Fruchtfleisch in etwa 1 cm große Würfel schneiden. Zwiebeln schälen und fein hacken. Butter in einem Topf erhitzen. Zwiebeln darin in 3 Minuten hellbraun anbraten. Kürbis zugeben und 5 Minuten mitbraten. Tomaten waschen, kreuzweise einschneiden und mit kochendem Wasser überbrühen. Haut abziehen. Stengelansätze ausschneiden. Tomaten würfeln und zum Gemüse geben. Fleischbrühe zugießen. Mit Salz, Pfeffer, Zucker und Es-

Mit Hackfleisch gefüllte Paprikaschoten.

sig würzen. 5 Minuten kochen. Mehl darüberstäuben und weitere 5 Minuten kochen lassen. Mit Tomatenmark abschmecken. In einer vorgewärmten Schüssel anrichten. Dill abspülen, trockentupfen und fein schneiden. Darüberstreuen.
Vorbereitung: 20 Minuten.
Zubereitung: 30 Minuten.

Gefüllte Paprikaschoten

1 Brötchen,
¼ l Wasser,
je 2 große rote und grüne Paprikaschoten,
1 kleine Zwiebel,
250 g gemischtes Hackfleisch,
1 Ei,
Salz, Pfeffer,
40 g Butter,
½ l heißes Wasser,
3 Eßlöffel Tomatenmark,
1 Teelöffel Speisestärke,
1 Prise Zucker.

Brötchen in Wasser einweichen. Am Stielende von den Paprikaschoten einen Deckel abschneiden. Schoten aushöhlen und waschen. Mit Haushaltspapier trockentupfen. Auf eine Platte stellen.
Zwiebel schälen, fein hacken. In eine Schüssel geben. Dazu das ausgedrückte Brötchen, das Hackfleisch, das aufgeschlagene Ei, Salz und Pfeffer. Zu einem Fleischteig mischen. Kräftig abschmecken.
Fleischteig in die Paprikaschoten füllen.
Butter im Topf erhitzen. Paprikaschoten hineinstellen. Wasser zugießen. Die Schoten in 30 Minuten bei mittlerer Hitze gar schmoren. Paprikaschoten einzeln mit dem Schaumlöffel aus dem Topf heben und in einer vorgewärmten Schüssel warm halten.
Die Garflüssigkeit mit Tomatenmark aufkochen. Speisestärke mit kaltem Wasser verrühren. Soße damit binden. Mit Salz, Pfeffer und einer Prise Zucker abschmecken. Über die Paprikaschoten gießen und servieren.
Vorbereitung: 25 Minuten.
Zubereitung: 40 Minuten.

Paprikaschoten spanische Art

8 kleine Paprikaschoten.
Für den Teig:
200 g Mehl,
knapp ¼ l Milch,
2 Eier,
Salz, weißer Pfeffer,
Öl zum Fritieren.
Außerdem:
1 Bund Petersilie, 1 Zitrone.

Paprikaschoten vierteln, putzen und waschen. Mit Haushaltspapier außen und innen gut abtrocknen.
Für den Teig Mehl in eine Schüssel geben. Nach und nach die Milch und die Eier einrühren. Kräftig mit Salz und Pfeffer würzen.

Paprikaschoten spanische Art werden fritiert.

Öl in einem Fritiertopf oder in der Friteuse auf 180 Grad erhitzen.
Paprikaschoten im Teig wenden. Immer 4 Stück auf einmal im Fett schwimmend in 4 Minuten ausbacken. Mit einem Schaumlöffel herausnehmen und abtropfen lassen. Auf einer vorgewärmten Platte warm stellen, bis alle Paprikaviertel fritiert sind.
Zwischendurch Petersilie abspülen, trockentupfen und in Sträußchen zupfen. Zitrone unter heißem Wasser abspülen, abtrocknen und achteln. Petersiliensträußchen für 2 Sekunden ins heiße Fett tauchen. Abtropfen lassen. Paprikaschoten mit fritierter Petersilie und Zitronenachteln garniert sofort servieren.
Vorbereitung: 15 Minuten.
Zubereitung: 35 Minuten.

Paprikaschoten Bostoner Art

4 kleine grüne Paprikaschoten (400 g),
200 g Crabmeat aus der Dose,
Saft einer halben Zitrone,
Salz, schwarzer Pfeffer,
2 Eßlöffel Mehl, 1 Ei,
3 Eßlöffel Semmelbrösel,
40 g Butter.

Paprikaschoten Bostoner Art sind eine Meisterleistung der internationalen Küche. Einfach zuzubereiten sind sie nicht, aber der Erfolg lohnt die Mühe.

Vorsichtig den Stengelansatz aus den Paprikaschoten schneiden. Kerne herauslösen. Paprikaschoten waschen und abtrocknen.
Schoten mit der Unterseite auf ein Backblech setzen und in den vorgeheizten Ofen auf die mittlere Schiene schieben.
Backzeit: 15 Minuten.
Elektroherd: 250 Grad.
Gasherd: Stufe 7 oder fast große Flamme.
Die Haut der Schoten muß schrumplig werden. Die Schoten aus dem Ofen nehmen und vorsichtig die Haut abziehen. Fruchtfleisch nicht verletzen. Crabmeat auf einem Sieb abtropfen lassen. Mit einer Gabel zerpflükken. Dabei die Chitinstreifen entfernen. In einer Schüssel mit Zitronensaft und Pfeffer mischen. In die Schoten füllen.
Schoten zuerst in Mehl, dann in verquirltem, mit Salz gewürztem Ei und zuletzt in Semmelbröseln wenden. Die Hälfte der Butter in einem Topf zerlassen. Auf die Panade träufeln und etwas andrücken.
Schoten in einer feuerfesten Form auf den Bratrost stellen. Restliche Butter in Flocken daraufsetzen. In den vorgeheizten Ofen auf die mittlere Schiene schieben.
Backzeit: 10 Minuten.
Elektroherd: 240 Grad.
Gasherd: Stufe 6 oder reichlich ½ große Flamme.
Schoten aus dem Ofen nehmen. Sofort servieren.
Vorbereitung: 30 Minuten.
Zubereitung: 30 Minuten.

Paprikagemüse römische Art

500 g Zwiebeln,
1 Knoblauchzehe,
Salz,
500 g grüne Paprikaschoten,
350 g Tomaten,
60 g Butter,
1 Eßlöffel frische oder 1 Teelöffel getrocknete Basilikumblätter,
Salz,
schwarzer Pfeffer.
Außerdem:
½ Bund Petersilie.

Zwiebeln schälen und fein hacken. Knoblauchzehe ebenfalls schälen. Mit Salz zerdrücken.
Paprikaschoten vierteln, Kerne und Scheidewände ausschneiden, die Viertel waschen, trockentupfen und in ½ cm breite Streifen schneiden. Tomaten mit kochendem Wasser übergießen, abziehen, vierteln. Stengelansätze ausschneiden.
Butter in einem Topf erhitzen. Zwiebeln und Knoblauchzehe darin in 3 Minuten glasig braten.
Paprikastreifen zugeben. Bei mittlerer Hitze 10 Minuten zugedeckt garen.
Tomaten mit dem gewaschenen, trockengetupften und fein gehackten oder dem getrockneten Basilikum, Salz und Pfeffer zugeben. Nochmals 5 Minuten zugedeckt dünsten.
Petersilie unter kaltem Wasser waschen, trockentupfen und fein hakken. Paprikagemüse in eine vorgewärmte Schüssel geben. Mit Petersilie bestreut servieren.
Vorbereitung: 20 Minuten.
Zubereitung: 25 Minuten.

Letscho

50 g fetter geräucherter Speck,
30 g Schweineschmalz,
150 g Zwiebeln,
500 g grüne Paprikaschoten,
2 Eßlöffel Paprika edelsüß,
Salz,
1 kräftige Prise Zucker,
weißer Pfeffer,
300 g Tomaten.

Letscho, eigentlich Lecsó, ist ein ungarisches Sommergemüse. Auch die übrigen Balkanländer haben Lecsó auf ihren Speisekarten, wenn auch unter anderem Namen und mit geringen Abweichungen. In Jugoslawien zum Beispiel wird das Gemüse zu einer Art Mus zusammengekocht und kalt mit viel Öl und wenig Essig auch als kalte Vorspeise mit Brot gereicht.
Speck sehr fein würfeln und in einem großen Topf auslassen. Schmalz zugeben und erhitzen. Zwiebeln schälen, in dünne Scheiben schneiden und in 3 Minuten im Speck hellgelb braten. Paprikaschoten halbieren, putzen, waschen und abtropfen lassen. In etwa 1½ cm große Stücke schneiden. Zu den Zwiebeln geben. Mit Paprika, Salz, Zucker und Pfeffer kräftig würzen. Umrühren und 15 Minuten im zugedeckten Topf fast gar werden

Lieblingsgemüse der Ungarn ist Letscho.

lassen. Tomaten mit kochendem Wasser überbrühen, die Haut abziehen. Stengelansätze ausschneiden, Tomaten vierteln und entkernen. Tomatenviertel nochmals quer durchschneiden und in den Topf geben. Unter häufigem Umrühren das Gemüse weitere 5 Minuten dünsten. Sofort servieren.
Vorbereitung: 20 Minuten.
Zubereitung: 25 Minuten.
Dazu ißt man frisches Brot oder Eiergraupen (tarhonya).

Tomaten Freiburger Art

Für die Füllung:
2 kleine Zwiebeln,
20 g Butter,
Salz,
weißer Pfeffer,
150 g Greyerzer Käse,
1 Bund Petersilie.
Außerdem:
12 kleine Tomaten,

Tomaten Freiburger Art mit Greyerzer Käse sind ein typisch schweizerisches Gericht.

20 g Butter zum Einfetten,
4 Pellkartoffeln.
Für den Guß:
$\frac{3}{8}$ l Milch,
3 Eier,
1 Bund Schnittlauch,
Salz,
weißer Pfeffer,
Paprika rosenscharf,
geriebene Muskatnuß.

Zwiebeln schälen und ganz fein hakken. Butter in einer Pfanne erhitzen. Zwiebeln darin 3 Minuten braten. Mit Salz und Pfeffer würzen. Vom Herd nehmen. Käse in kleine Würfel schneiden. Petersilie waschen und fein hacken. Beides zu den Zwiebeln geben. Tomaten waschen und abtrocknen. Stengelansätze ausschneiden. Tomaten mit einem Teelöffel vorsichtig aushöhlen. In eine mit Butter eingefettete feuerfeste Form setzen und mit der Käse-Zwiebel-Masse füllen. Pellkartoffeln schälen und in dünne Scheiben schneiden. Um die Tomaten legen.
Für den Guß Milch und Eier in einer Schüssel verrühren. Schnittlauch waschen und fein schneiden. In den Guß

geben. Mit Salz, Pfeffer, Paprika und Muskat abschmecken. Guß auf den Tomaten verteilen. Den Rest über die Kartoffeln gießen.
Die Form auf die mittlere Schiene in den vorgeheizten Ofen schieben.
Garzeit: 20 Minuten.
Elektroherd: 200 Grad.
Gasherd: Stufe 4 oder knapp ½ große Flamme.
Aus dem Ofen nehmen. Sofort servieren.
Vorbereitung: 10 Minuten.
Zubereitung: 25 Minuten.

Tomaten im Schlafrock

1 Paket tiefgekühlter Blätterteig (300 g),
8 kleine feste Tomaten,
1 Bund Petersilie,
Salz,
8 dünne Scheiben gekochter Schinken oder 16 Scheiben Schinkenspeck (250 g),
Mehl zum Ausrollen,
1 Eiweiß,
1 Eigelb.

Blätterteig nach Vorschrift auftauen lassen.
Tomaten mit kochendem Wasser überbrühen, abziehen und Stengelansätze ausschneiden. Die Petersilie unter kaltem Wasser waschen und hakken. Tomaten mit Salz würzen, mit Petersilie bestreuen. Jeweils in eine Scheibe gekochten Schinken oder in 2 Scheiben Schinkenspeck wickeln. Blätterteig auf der bemehlten Arbeitsfläche 3 mm dick ausrollen. 8 große Quadrate von 12 cm ausradeln. Je eine Tomate in die Mitte setzen. Die Teigecken mit Eiweiß bestreichen. Den Teig über den Tomaten zusammenschlagen. Die bestrichenen Ecken andrücken. Aus den Teigresten Verzierungen ausstechen. Mit Eiweiß bestreichen. Als Garnierung auf den Teig setzen.
Backblech mit kaltem Wasser abspülen. Tomaten im Schlafrock daraufsetzen und mit verquirltem Eigelb bestreichen.
Backblech in den vorgeheizten Ofen auf die mittlere Schiene schieben.
Backzeit: 20 Minuten.
Elektroherd: 220 Grad.
Gasherd: Stufe 5 oder ½ große Flamme.
Vorbereitung: Ohne Auftauzeit 40 Minuten.
Zubereitung: 25 Minuten.

Gefüllte Tomaten

8 große, feste Tomaten,
Salz,
Pfeffer.
Für die Füllung:
1 Brötchen,
1 Tasse Wasser,
200 g Hackfleisch vom Rind,
50 g geräucherter Speck,
1 kleine Zwiebel,
1 Ei,
Salz,

Gefüllte Tomaten aus dem Backofen.

Pfeffer,
Margarine zum Einfetten,
2 Eßlöffel geriebener Emmentaler Käse,
¼ Bund Petersilie.

Tomaten waschen. Trocknen. Deckel abschneiden und vorsichtig aushöhlen. Innen leicht mit Salz und Pfeffer würzen.
Für die Füllung das Brötchen in kal-

tem Wasser einweichen. Hackfleisch in eine Schüssel geben. Dazu den gewürfelten Speck, die geschälte, gehackte Zwiebel, Ei, Salz und Pfeffer. Das eingeweichte Brötchen ausdrükken, zerpflücken. Ebenfalls in die Schüssel geben. Zu einem Fleischteig mischen. Tomaten mit dieser Masse füllen.
Auflaufform einfetten. Tomaten hineinstellen. Geriebenen Käse darauf verteilen. Tomatendeckel schräg daraufsetzen, so daß man von der appetitlichen Füllung noch etwas sehen kann. Die gefüllten Tomaten in den vorgeheizten Ofen auf die mittlere Schiene stellen.
Backzeit: 20 Minuten.
Elektroherd: 200 Grad.
Gasherd: Stufe 4 oder knapp ½ große Flamme.
Die Tomaten aus dem Ofen nehmen. Mit gewaschener, trockengetupfter Petersilie garniert servieren.
Vorbereitung: 20 Minuten.
Zubereitung: 25 Minuten.

Tomatenplaki

750 g Tomaten,
4 Zwiebeln,
2 Bund Petersilie,
1 Bund Dill,
6 Eßlöffel Olivenöl,
1 Teelöffel getrockneter Thymian,
Salz,
weißer Pfeffer,
1 Teelöffel Zucker,
Saft einer halben Zitrone.

Plakis sind Gemüsegerichte, die mit den türkischen Eroberern auf den Balkan kamen. Heute sind sie besonders in der griechischen und der bulgarischen Küche beliebt. Tomatenplaki kann kalt oder warm serviert werden. Typischer ist das kalte Gericht.
Tomaten mit kochendem Wasser übergießen, abziehen, Stengelansätze ausschneiden. Tomaten in Scheiben schneiden. Zwiebeln schälen und in dünne Ringe schneiden.
Petersilie und Dill waschen, Petersilie hacken, Dill fein schneiden. 1 Eßlöffel Öl in eine feuerfeste Form gießen. Tomatenscheiben und Zwiebelringe abwechselnd in die Form schichten. Jede Lage mit Petersilie und Dill (von beiden soll etwa ein Drittel zurückgelassen werden), Thymian, Salz, Pfeffer und Zucker würzen. Die Tomatenscheiben mit Öl beträufeln. Letzte Schicht: Tomatenscheiben, die zuerst mit Zitronensaft, dann mit dem restlichen Olivenöl beträufelt werden.
Form geschlossen in den vorgeheizten Ofen auf die untere Schiene schieben.
Garzeit: 25 Minuten.
Elektroherd: 220 Grad.
Gasherd: Stufe 5 oder ½ große Flamme.
Form aus dem Ofen nehmen. Plaki abkühlen lassen. Mit der restlichen Petersilie und dem Dill bestreuen. Kalt servieren.
Vorbereitung: 15 Minuten.
Zubereitung: Ohne Kühlzeit 35 Minuten.

Tomaten-Chicorée

8 kleine Tomaten,
⅛ l heiße Fleischbrühe,
8 mittlere Chicorée-Stauden,
Salz,
1 l Wasser,
Butter zum Einfetten,
1 Prise Zucker,
Saft einer halben Zitrone,
Sojasoße,
4 Eßlöffel Semmelbrösel,
30 g geriebener Parmesankäse,
30 g Butter.

Tomaten waschen, abtrocknen, vierteln und die Stengelansätze ausschneiden. Tomatenviertel in einen Topf geben, in heißer Fleischbrühe 15 Minuten kochen. Durch ein Sieb in eine Schüssel streichen oder etwas abgekühlt im Mixer pürieren. Beiseite stellen.
Chicorée waschen und putzen. Wurzelenden 1 cm breit abschneiden. Bitteren Kern keilförmig ausschneiden. Chicorée-Stauden in einem Topf mit gesalzenem Wasser 10 Minuten kochen. Dann aus dem Topf nehmen und auf einem Sieb gut abtropfen lassen.
Feuerfeste Form mit Butter einfetten. Chicorée-Stauden einlegen. Tomatenmark mit Zucker, Zitronensaft und Sojasoße pikant abschmecken. Über den Chicorée gießen. Mit Semmelbröseln und geriebenem Parmesan bestreuen. Butter in Flöckchen darauf verteilen.
Im vorgeheizten Ofen überbacken, bis sich eine goldbraune Kruste bildet.
Backzeit: 20 Minuten.
Elektroherd: 200 Grad.
Gasherd: Stufe 4 oder knapp ½ große Flamme.
Herausnehmen und sofort aus der Form servieren.
Vorbereitung: 10 Minuten.
Zubereitung: 35 Minuten.

Tomatensuppe geeist

500 g Tomaten,
1 kleine Zwiebel,
1 Knoblauchzehe,
Salz,
⅛ l Weißwein,
⅛ l Fleisch- oder Gemüsebrühe,
1 Eßlöffel Zitronensaft,
3 Eßlöffel Öl,
1 Teelöffel Paprika rosenscharf,
1 Teelöffel Zucker,
je 5 Stengel Kerbel und Petersilie,
⅛ l Sahne.

Tomaten mit kochendem Wasser übergießen, abziehen, vierteln, entkernen und die Stengelansätze ausschneiden. Tomaten im Mixer pürieren. In eine Schüssel geben.
Zwiebel schälen und fein reiben. Die Knoblauchzehe schälen und mit Salz zerdrücken. Ins Tomatenpüree mischen.
Weißwein, Brühe, Zitronensaft und Öl unterrühren. Suppe mit Paprika,

Tomaten-Chicorée überbacken.

Zucker und Salz würzen. Zugedeckt 30 Minuten in den Kühlschrank stellen.
Kerbel und Petersilie waschen und hacken. Sahne halbsteif schlagen. Die Hälfte der Kräuter in die Suppe geben. In 4 Suppentassen füllen. Je ein Viertel der Sahne einlaufen lassen. Mit den restlichen Kräutern bestreut sofort servieren.
Vorbereitung: 10 Minuten.
Zubereitung: Ohne Kühlzeit 20 Minuten.

Zucchini mit Walnüssen

2 Zwiebeln,
6 Eßlöffel Olivenöl,
600 g Zucchini,
knapp ¼ l Weißwein,
Salz,
weißer Pfeffer,
2 Eßlöffel Zitronensaft,
100 g gehackte Walnüsse,
½ Teelöffel Zucker.

Zwiebeln schälen und fein hacken. Öl in einem Topf erhitzen. Zwiebeln unter Rühren darin in 2 Minuten glasig braten.
Zucchini waschen und abtropfen lassen. Stengelansätze abschneiden. Zucchini in fingerdicke Scheiben schneiden. Zu den Zwiebeln geben. Mit Weißwein begießen und mit Salz und Pfeffer kräftig würzen. Zugedeckt 10 Minuten dünsten lassen.
Topf vom Herd nehmen. Zitronensaft und Walnüsse einrühren. Mit Zucker, Salz und Pfeffer abschmecken. Zucchini in einer vorgewärmten Schüssel anrichten und sofort servieren.
Vorbereitung: 15 Minuten.
Zubereitung: 15 Minuten.

Zucchini Florentiner Art

1000 g Zucchini,
Salz,
6 Eßlöffel Mehl,
4 Eier,
75 g geriebener Parmesankäse,
¼ l Olivenöl.

Zucchini unter fließendem Wasser waschen. Abtrocknen und die Stengelansätze abschneiden.
Zucchini längs in dünne Scheiben schneiden. Auf beiden Seiten salzen und 10 Minuten ziehen lassen.
Zucchini dann mit Haushaltspapier abtupfen. Die Scheiben in Mehl wenden. Überschüssiges Mehl abschütteln.
Eier in einer Schüssel verquirlen, Parmesankäse hineinrühren. Zucchinischeiben darin wenden. Abtropfen.
Öl in einer großen Pfanne erhitzen. Zucchinischeiben darin auf jeder Seite in 2 Minuten goldbraun braten. Mit einem Schaumlöffel oder mit einer Palette herausnehmen und abtropfen lassen. Auf einer vorgewärmten Platte anrichten und sofort servieren.
Vorbereitung: 20 Minuten.
Zubereitung: 20 Minuten.

Hülsenfrüchte

Bohnen in Rahmsoße

750 g grüne Bohnen,
Salz.
Für die Rahmsoße:
30 g Butter,
30 g Mehl,
⅛ l Fleischbrühe,
¼ l Milch,
Salz,
Pfeffer,
Muskat,
¼ l Sahne.

Bohnen fädeln, waschen, brechen. In leicht gesalzenes Wasser geben. In 20 Minuten garen. Die Bohnen sollen noch Biß haben. In der Zwischenzeit die Rahmsoße zubereiten. Butter erhitzen. Mehl einrühren. Mit Brühe und Milch aufgießen. 7 Minuten kochen lassen. Mit Salz, Pfeffer und Muskat abschmecken. Sahne einrühren. Die abgetropften Bohnen in die Soße geben. Kurz erhitzen, aber nicht kochen lassen. Sofort servieren, damit sich auf der Soße keine Haut bilden kann.
Vorbereitung: 15 Minuten.
Zubereitung: 35 Minuten.

Bohnen Burgunder Art

750 g grüne Bohnen,
Salz,
200 g Karotten,
125 g durchwachsener Speck,
2 Zwiebeln,
1 Glas Rotwein,
⅛ l Fleischbrühe,
40 g Butter, 40 g Mehl,
1 Eßlöffel Petersilie,
1 Eßlöffel Schnittlauch,
1 Teelöffel Bohnenkraut.

In Burgund bereitet man Bohnengemüse gelegentlich mit Karotten zu. Eine interessante Kombination.
Bohnen fädeln, waschen und brechen. In gesalzenem Wasser 15 Minuten kochen lassen. Karotten schälen,

Spanische grüne Bohnen in Tomatensoße.

in Scheiben schneiden. In wenig gesalzenem Wasser halbgar kochen. In der Zwischenzeit den durchwachsenen Speck würfeln. In einem Topf glasig ausbraten. Zwiebeln schälen, würfeln und im Speck goldgelb werden lassen. Jetzt kommen die noch nicht ganz gar gekochten Bohnen und die abgetropften Karotten dazu. Rotwein und Fleischbrühe angießen. 15 Minuten kochen. Butter mit Mehl verkneten. Ins Gemüse einrühren. 7 Minuten kochen. Kräuter fein hakken. Über das Gemüse streuen.
Vorbereitung: 40 Minuten.
Zubereitung: 40 Minuten.

Grüne Bohnen in Tomatensoße

Judias verdes

1 l Wasser,
Salz,
500 g grüne Bohnen,
2 Eßlöffel Olivenöl,
1 Zwiebel,
1 Knoblauchzehe,
500 g Tomaten,
Salz, schwarzer Pfeffer,
Zucker,
2 Eßlöffel Tomatenmark,
1 Bund Petersilie.

Wasser salzen, in einem großen Topf aufkochen. Bohnen waschen, putzen und in 5 cm lange Stücke schneiden. In das Wasser geben, bei mittlerer Hitze 20 Minuten kochen lassen.
Bohnen auf einem Sieb abtropfen lassen. Beiseite stellen. Öl in einem Topf erhitzen, Zwiebel schälen und fein hacken und im heißen Öl glasig braten. Knoblauchzehe schälen, mit Salz zerdrücken und zugeben. 5 Minuten mitbraten lassen. Der Knoblauch darf nicht anbräunen.
Tomaten mit kochendem Wasser überbrühen, schälen, halbieren, Kerne und Stengelansätze entfernen. Die Tomaten würfeln. Pfeffer und Zucker zugeben. Tomatenmark unterrühren. ½ Bund Petersilie waschen, trockentupfen und fein hacken. Ebenfalls untermischen. Die Flüssigkeit einkochen lassen, bis eine dickflüssige Soße entsteht. Die Bohnen zugeben, durchrühren, in der Soße erhitzen. Restliche Petersilie waschen, trockentupfen und in Sträußchen zupfen. Bohnen in eine vorgewärmte Schüssel geben und mit Petersilie garnieren.
Vorbereitung: 45 Minuten.
Zubereitung: 15 Minuten.

Bohnen in Eiersoße

750 g grüne Bohnen,
Salz,
40 g Butter,
3 Eßlöffel Semmelbrösel.

Bohnen in Eiersoße.

Für die Soße:
30 g Butter,
30 g Mehl,
¼ l Kochbrühe,
¼ l Fleischbrühe,
Salz,
geriebener Muskat,
1 Teelöffel Zitronensaft,
3 Eßlöffel Weißwein,
2 hartgekochte Eier,
½ Bund Schnittlauch.

Gewaschene, gefädelte, gebrochene Bohnen in gesalzenem Wasser nicht zu weich kochen. Das dauert ungefähr 20 Minuten. Bohnen auf ein Sieb

gießen und abtropfen lassen. Brühe auffangen. Bohnen in eine vorgewärmte Schüssel füllen. In Butter geröstete Semmelbrösel darüberstreuen. Warm stellen.
Für die Soße: Butter erhitzen. Mehl einrühren. Bohnen- und Fleischbrühe angießen. 7 Minuten kochen. Mit Salz, Muskat und Zitronensaft abschmekken. Weißwein zugeben. Nicht mehr kochen lassen. Hartgekochte Eier würfeln, Schnittlauch in Röllchen schneiden. In die Soße rühren. Über die Bohnen verteilen.
Vorbereitung: 20 Minuten.
Zubereitung: 35 Minuten.

Bohnensuppe rheinisch

1500 g frische grüne Stangenbohnen,
einige Zweige Bohnenkraut,
1¼ l Fleischbrühe,
400 g Kartoffeln,
2 gehäufte Eßlöffel Mehl,
2 Tassen saure Sahne,
Salz, Pfeffer,
4 kleine gebrühte Würstchen,
1 Bund Petersilie.

Im Rheinland gibt es viele Arten, Bohnensuppen zuzubereiten. Manche

Rheinische Bohnensuppe mit Würstchen.

schwören darauf, daß dieses Rezept das einzig wahre ist. Probieren Sie mal.
Bohnen fädeln, waschen. In gleichmäßige Stücke schneiden. Mit dem gewaschenen Bohnenkraut in die kochende Fleischbrühe geben. Kartoffeln schälen, würfeln und ebenfalls dazugeben. 30 Minuten kochen lassen. Mehl mit saurer Sahne verrühren. Unter Rühren in die Suppe gießen. Salzen und pfeffern. Die Würstchen in der Suppe heiß werden lassen. Bohnensuppe mit den Würstchen zusammen anrichten. Vor dem Servieren mit der zerpflückten Petersilie bestreuen.
Vorbereitung: 25 Minuten.
Zubereitung: 40 Minuten.

Rumänischer Bohnentopf

100 g braune Bohnen,
100 g weiße Bohnen,
1 Zwiebel, 1 Knoblauchzehe,
Salz,
100 g durchwachsener Speck,
getrockneter Thymian,
200 g frische grüne Bohnen,
200 g frische Wachsbohnen,
3 Stengel frisches oder ½ Teelöffel getrocknetes Bohnenkraut,
1 Teelöffel Zitronensaft.

In Rumänien liebt man, wie überall auf dem Balkan, Gemüseeintöpfe. Das Rezept für den Bohnentopf stammt aus den Donauniederungen.

Braune und weiße Bohnen gründlich waschen. In einer Schüssel mit 1¼ l Wasser 24 Stunden einweichen.
Zwiebel schälen und fein hacken. Die geschälte Knoblauchzehe mit Salz zerdrücken.
Speck würfeln. In einem großen Topf in 5 Minuten glasig braten. Zwiebelwürfel und Knoblauch dazugeben und ebenfalls glasig braten. Dann die Bohnen mit dem Einweichwasser darübergießen. Mit Salz und Thymian würzen. 90 Minuten zugedeckt kochen lassen.
In der Zwischenzeit grüne Bohnen und Wachsbohnen wenn nötig fädeln.

Rumänischer Bohnentopf pikant.

Waschen, abtropfen lassen und in Stücke brechen. 20 Minuten vor Ende der Garzeit in den Topf geben. Das gewaschene, frische oder das getrocknete Bohnenkraut auf die Bohnen legen. Den fertigen Bohnentopf mit Zitronensaft abschmecken.
Vorbereitung: Ohne Quellzeit 10 Minuten.
Zubereitung: 120 Minuten.

Bohnensuppe Middelburg

Für die Muschelbouillon:
100 Miesmuscheln,
3 Zwiebeln,
¾ l Weißwein,
Salz, Pfeffer.
Für die Bohnensuppe:
1 l Muschelbouillon,
1 Lorbeerblatt,
150 g braune Bohnen,
½ Sellerieknolle,
200 g Kartoffeln,
Salz, ½ Bund Petersilie,
4 Stengel Bohnenkraut.

Miesmuscheln in Wasser sehr gründlich bürsten. In einen Topf geben. Gewürfelte Zwiebeln, Weißwein, Salz und Pfeffer zugeben. Zum Kochen bringen. Dabei öffnen sich die Muscheln, so daß der Saft austreten kann. 10 Minuten zugedeckt kochen. Muscheln aus dem Wasser nehmen. Muschelbouillon mit Wasser bis zu 1½ Liter auffüllen. Muscheln aus den Schalen nehmen und entbarten.

Für die Bohnensuppe die Muschelbouillon mit dem Lorbeerblatt aufkochen. Die trockenen Bohnen im Mixer feinmahlen. Bohnenmehl in die kochende Muschelbouillon rühren. 15 Minuten kochen. In der Zwischenzeit Sellerie und Kartoffeln schälen, grobraffeln und in die Suppe geben. Noch etwa 10 Minuten kochen lassen. Mit Salz abschmecken. 25 gekochte Miesmuscheln in die Suppe geben. Gehackte Petersilie darüberstreuen. Mit Bohnenkraut garnieren.
Vorbereitung: 30 Minuten.
Zubereitung: 35 Minuten.

Bohnenkern-Salat

1000 g kleine dicke Bohnen,
Salz.
Für die Marinade:
2 Eßlöffel Estragonessig,
Salz, 1 Prise Zucker,
1 Prise rosenscharfer Paprika,
4 Eßlöffel Öl,
1 gewürfelte Zwiebel,
125 g durchwachsener Speck,
2 Zweige Estragon.

Bohnen auspalen und in wenig Salzwasser in 30 Minuten kochen. Auf ein Sieb gießen. Abtropfen lassen. Marinade aus Essig, Salz, Zucker, Paprika, Öl und Zwiebelwürfeln rühren. Bohnenkerne mindestens eine Stunde (es können auch 3 oder 4 Stunden sein) darin ziehen lassen. Zuletzt den gewürfelten Speck in der Pfanne

Bohnensuppe Middelburg, ein Rezept aus Holland.

knusprig rösten. Unter den Bohnenkern-Salat mischen. Estragonblättchen abzupfen, waschen und fein hacken. Über den Salat streuen.
Vorbereitung: 40 Minuten.
Zubereitung: 10 Minuten.

Dicke Bohnen mit Paprika

2 Packungen tiefgekühlte Dicke Bohnen (je 300 g),
1 Tasse Wasser,
2 rote Paprikaschoten,
2 grüne Paprikaschoten,
1 weiße Zwiebel,
30 g Butter,
Salz,
Pfeffer,
1 Prise Zucker.

Dicke Bohnen in kochendes Wasser geben. Paprikaschoten waschen, putzen, in Streifen schneiden. Wenn die Bohnen aufgetaut sind, Paprikaschoten dazugeben. 10 bis 15 Minuten kochen lassen.
Zwiebel schälen, würfeln. In Butter

Dicke Bohnen mit Paprika.

goldgelb braten. Zu den Bohnen geben.
Mit Salz, Pfeffer und Zucker kräftig abschmecken.
Vorbereitung: 15 Minuten.
Zubereitung: 20 Minuten.

Dicke Bohnen mit Speck

100 g durchwachsener Speck,
1 große Zwiebel,
1 l klare Fleischbrühe,
2 Pakete tiefgekühlte Dicke Bohnen (je 300 g),
4 Debrecziner Würstchen oder andere geräucherte Wurst (je 150 g),

Dicke Bohnen mit Speck.

1 rote Paprikaschote,
500 g kleine Kartoffeln,
Salz, Pfeffer.

Speck in kleine Stücke schneiden. Zwiebel schälen und fein hacken. Speck auslassen und mit der Zwiebel glasig braten. Mit Fleischbrühe auffüllen. Dicke Bohnen zugeben. Die Würstchen in Scheiben schneiden. Paprikaschote putzen und waschen. Erst in Streifen, dann in Würfel schneiden. Kartoffeln schälen, waschen. Würstchen, Paprikawürfel und Kartoffeln in die Brühe geben und garziehen lassen. Mit Salz und Pfeffer abschmecken.
Vorbereitung: 15 Minuten.
Zubereitung: 30 Minuten.

Erbsengericht dänische Art

375 g geschälte gelbe Erbsen,
1 l Wasser,
1 Bund Suppengrün,
375 g mageres Schweinefleisch (Nakkenstück),
Salz,
500 g Kartoffeln,
¼ l Wasser.
Für die Garnierung:
1 Zwiebel,
20 g Butter,
1 Bund Petersilie.

Erbsen waschen, über Nacht in Wasser einweichen. Am nächsten Tag mit dem Einweichwasser aufsetzen. Suppengrün putzen, waschen und klein schneiden. Zu den Erbsen geben. Bei schwacher Hitze 60 Minuten kochen lassen.
Fleisch unter kaltem Wasser abspülen. Trockentupfen. Zu den Erbsen geben. Salzen. Noch 60 Minuten weiterkochen lassen.
In der Zwischenzeit die Kartoffeln schälen, waschen und würfeln. In gesalzenem Wasser aufsetzen. In 20 Minuten garen.
Fleisch aus dem Topf nehmen und in Stücke schneiden. Im Backofen warm stellen.
Erbsen mit dem Suppengrün durch ein Sieb passieren. Mit dem Schneebesen oder dem Handrührgerät schlagen, bis ein lockeres Püree entsteht. Mit Salz abschmecken. Fleisch dazugeben. Die Kartoffeln abgießen, trockendämpfen und zum Erbspüree geben. Mit den Fleischwürfeln locker unterheben.
Für die Garnierung die Zwiebel schälen und in Ringe schneiden. In der heißen Butter goldgelb anbraten. Über das in einer Schüssel angerichtete Erbsengericht verteilen. Gewaschene Petersilie gut trocknen, hakken und vor dem Servieren über das Erbsengericht streuen.
Vorbereitung: Ohne Einweichzeit 20 Minuten.
Zubereitung: 120 Minuten.

Erbsen Parmentier überbacken

250 g Kartoffeln,
500 g tiefgekühlte Erbsen,
Salz,
Margarine zum Einfetten.
Für die Béchamelsoße:
40 g Butter,
40 g Schinkenwürfel,
1 Zwiebel,
40 g Mehl,
¼ l Fleischbrühe aus Würfeln,
¼ l Milch,
Salz,
Pfeffer,
Muskat,
1 Prise Zucker,
40 g geriebener Gruyére-Käse.

Dieses Erbsengericht wurde nach Antoine-Auguste Parmentier be-

Erbsen Parmentier mit Béchamelsoße.

nannt, der Ende des 18. Jahrhunderts französischer Landwirtschaftsminister war und sich besonders mit dem Kartoffelanbau befaßte.

Kartoffeln waschen. In der Schale in 30 Minuten garen. Mit kaltem Wasser abschrecken und abziehen. In kleine Würfel schneiden. Mit den aufgetauten Erbsen mischen. Salzen.

Feuerfeste Form mit Margarine einfetten. Erbsen und Kartoffeln hineingeben.

Für die Béchamelsoße Butter erhitzen. Schinken- und Zwiebelwürfel darin glasig werden lassen. Mehl zugeben und unter Rühren gut durchschwitzen lassen. Fleischbrühe und Milch angießen. 7 Minuten unter Rühren kochen lassen.

Mit Salz, Pfeffer, Muskat und Zucker abschmecken.

Die Béchamelsoße über die Erbsen geben. Geriebenen Gruyère-Käse darüberstreuen. In den vorgeheizten Ofen auf die mittlere Schiene stellen.

Backzeit: Etwa 15 Minuten.

Elektroherd: 200 Grad.

Gasherd: Stufe 4 oder knapp ½ große Flamme.

Aus dem Ofen nehmen und servieren.

Vorbereitung: 40 Minuten.

Zubereitung: 20 Minuten.

Erbspüree

650 g getrocknete gelbe oder grüne Erbsen,
1½ l Wasser,
1 Teelöffel zerriebener Majoran,
1 Teelöffel gekörnte Brühe,
Salz,
Pfeffer.

Für die Garnierung:
1 Zwiebel,
20 g geräucherter Speck,
20 g Butter.

Erbsen über Nacht in Wasser einweichen. Am nächsten Tag mit Majoran im Einweichwasser erhitzen. Gekörnte Brühe zufügen. Mit Salz und Pfeffer würzen. 120 Minuten kochen, bis die Erbsen dick eingekocht sind. Eventuell etwas Wasser nachgießen. In der Zwischenzeit Zwiebel schälen und in Ringe schneiden. Speck würfeln. Butter in einer Pfanne erhitzen, Speckwürfel darin glasig werden lassen. Zwiebelringe zugeben und goldgelb braten. Warm stellen. Erbsen durch ein Sieb streichen. Erbspüree hügelförmig auf einer Platte anrichten, Speck-Zwiebel-Mischung darübergeben und servieren.
Vorbereitung: Ohne Einweichzeit 5 Minuten.
Zubereitung: 120 Minuten.

Erbsensuppe indisch

1 Tasse Wasser, Salz,
1 kleine Dose Erbsen (sehr fein),
¾ l klare Hühnerbrühe,
1 gehäufter Eßlöffel Curry,
weißer Pfeffer,
1 Prise Zucker,
3 Eßlöffel Mehl,
3 Eßlöffel blättrige Mandeln,
3 Eßlöffel Rosinen,
⅛ l Sahne.

Wasser mit etwas Salz aufkochen. Erbsen darin 8 Minuten kochen lassen. Anschließend abgießen und durch ein Sieb streichen. Mit der Hühnerbrühe im Topf wieder aufkochen. Mit Curry, Pfeffer und Zucker würzen. Mehl in etwas kaltem Wasser anrühren. In die Suppe gießen. Blättrige Mandeln und die gewaschenen Rosinen ebenfalls zugeben. 10 Minuten durchkochen lassen. Topf von der Kochstelle nehmen. Dann die Sahne in die Suppe rühren.
Vorbereitung: 5 Minuten.
Zubereitung: 20 Minuten.

Linsenauflauf amerikanisch

250 g Linsen,
1 Zwiebel,
1 Lorbeerblatt,
2 Nelken,
½ l Fleischbrühe,
¼ l Wasser,
3 große Zwiebeln,
500 g Kartoffeln,
200 g Salami,
50 g durchwachsener Speck,
Pfeffer.

Dieser Linsenauflauf kommt aus den USA. Seinen Ursprung hat er vermutlich in einem der Staaten, in denen eingewanderte Italiener die Küchensitten geprägt haben.
Linsen über Nacht in einem Topf mit Wasser einweichen. Am nächsten Tag auf einem Sieb abtropfen lassen.

Zur Erbsensuppe indisch gehören auch Mandeln und Rosinen.

Zwiebel schälen und mit Lorbeerblatt und Nelken spicken. Linsen und Zwiebel in einen Topf geben. Fleischbrühe und Wasser zugießen. Die Linsen zugedeckt in 45 Minuten garen. In der Zwischenzeit Zwiebeln schälen und in dünne Ringe schneiden. Kartoffeln schälen, waschen, abtrocknen und in dünne Scheiben schneiden. Von der Salami die Haut abziehen.

Wurst in ½ cm dicke Scheiben schneiden. Speck in 2 mm dicke Scheiben schneiden.
Gespickte Zwiebel aus den Linsen nehmen. In eine feuerfeste Form abwechselnd Kartoffeln, Salamischeiben, Linsen und Zwiebelringe schichten. Jede Schicht dünn mit Pfeffer bestreuen. Die letzte Schicht bilden die Linsen. Auflauf mit den Speckscheiben bedecken und in den vorgeheizten Ofen auf die unterste Schiene stellen.
Garzeit: 50 Minuten.
Elektroherd: 200 Grad.
Gasherd: Stufe 4 oder knapp ½ große Flamme.
Linsenauflauf aus dem Ofen nehmen und sofort in der Form servieren.
Vorbereitung: Ohne Einweichzeit 10 Minuten.
Zubereitung: 105 Minuten.

Linsen mit Backpflaumen.

Linsen mit Backpflaumen

375 g Linsen,
1¼ l Wasser,
200 g Backpflaumen (ungeschwefelt),
½ l Wasser,
einige Speck- oder Schinkenschwarten,
1 Bund Suppengrün,
Salz,
schwarzer Pfeffer,
½ Teelöffel Thymian,
3 Eßlöffel Weinessig,
1 Prise Zucker,
4 Rauch- oder Schinkenwürstchen (je 80 g),
75 g durchwachsener Speck,
2 Zwiebeln, 1 Eßlöffel Öl,
1 Bund Petersilie.

Linsen am Vorabend in einem Sieb unter fließendem Wasser waschen. Mit der angegebenen Wassermenge in einem Topf einweichen. Backpflaumen abwaschen, ebenfalls in einer Schüssel mit Wasser übergießen und über Nacht stehenlassen.
Am nächsten Tag die Linsen samt dem Einweichwasser und den abgespülten Schwarten in dem Topf zum Kochen bringen. Suppengrün putzen,

waschen, abtropfen lassen, kleinschneiden und zu den Linsen geben. Linsen in 45 Minuten bei schwacher Hitze garen.

Backpflaumen in einem anderen Topf im Einweichwasser 30 Minuten bei schwacher Hitze kochen lassen. Dann das Pflaumenwasser auf die Linsen gießen. Linsen mit Salz, Pfeffer, Thymian, Weinessig und Zucker würzen. Würstchen abspülen, trokkentupfen, in die Linsen geben. Noch 20 Minuten kochen lassen. Schwarten herausnehmen.

Inzwischen den Speck würfeln. Zwiebeln schälen und fein hacken. Öl in einer Pfanne erhitzen. Speckwürfel darin 3 Minuten anbraten. Gehackte Zwiebeln zufügen, in weiteren 3 Minuten goldgelb anbraten. Petersilie waschen, trockentupfen und hacken. Speck, Zwiebeln und Petersilie unter die Linsen mischen.

Linsen in einer vorgewärmten Schüssel anrichten. Die Würstchen obenauf legen. Mit Backpflaumen umlegen. Sofort servieren.

Vorbereitung: Ohne Einweichzeit 20 Minuten.

Zubereitung: 70 Minuten.

Seltene Gäste in unserer Küche

Avocados mit Meeresfrüchten

2 Avocados,
75 g Champignons,
75 g Garnelenschwänzchen oder Krabben,
75 g Hummerfleisch,
3 Scampischwänze,
Zitronensaft, Öl, Salz, Pfeffer,
100 g Mayonnaise,
2 Eßlöffel Tomatenketchup,
1 Teelöffel Senf,
1 Eßlöffel geriebener Meerrettich,
2 Eßlöffel saure Sahne,
1 Eßlöffel Sherry,
4 Scampischwänzchen,
1 Sträußchen Dill.

Avocados mit Meeresfrüchten sind vorzüglich als Vorspeise, aber auch zum feinen Sektfrühstück geeignet.
Avocados waschen, abtrocknen und längs halbieren. Kern auslösen. Das Fruchtfleisch bis auf einen Rand von 7 mm aushöhlen. In kleine Würfel schneiden. Die Champignons putzen, waschen und in dünne Scheiben schneiden. Mit Garnelenschwänzchen, gewürfeltem Hummerfleisch und gewürfelten Scampischwänzen vermischen. Die Mischung mit Zitronensaft, Öl, Salz und Pfeffer marinieren. Kalt stellen. Mayonnaise mit 1 Eßlöffel Ketchup, Senf, Meerrettich, saurer Sahne und Sherry verrühren. Abschmecken. Die Soße mit den marinierten Meeresfrüchten mischen und in die Avocadoschalen füllen. Mit je einem Scampischwänzchen, Tomatenketchup und Dillspitzen garnieren. Die gefüllten Avocados gekühlt servieren.
Vorbereitung: 15 Minuten.
Zubereitung: 10 Minuten.

Avocado-Suppe

1 Tasse Hühnerbrühe (selbst gekocht oder aus Extrakt),
2 Avocados,
1 Tasse süße Sahne, ½ Tasse Joghurt,
½ Tasse herber Weißwein,

1 Teelöffel Zitronensaft,
Salz,
weißer Pfeffer.

Hier ist eine ganz schnelle Suppe. Man kann sie als Vorgericht servieren. Sie ist aber auch eine köstliche Mitternachtsüberraschung.
Hühnerbrühe erhitzen. Avocados waschen und trocknen, halbieren und entkernen. Fruchtfleisch auslösen und in kleine Würfel schneiden. Einige Scheiben für die Garnitur zurücklassen. Avocadofleisch in die Hühnerbrühe geben und pürieren. Süße Sahne, Joghurt, Weißwein und Zitronensaft zugießen. Salzen und pfeffern. Mit den Avocadoscheiben garnieren.
Vorbereitung: 5 Minuten.
Zubereitung: 5 Minuten.

Okra mit Mais überbacken

1 Dose Okra (etwa 500 g),
1 Dose Maiskörner (etwa 350 g),
40 g Butter,
30 g Mehl,
⅜ l heiße Fleischbrühe aus Würfeln,
⅛ l Milch,
Salz, weißer Pfeffer,
geriebene Muskatnuß,
Saft einer halben Zitrone,
Butter zum Einfetten,
je 25 g geriebener Emmentaler Käse und Greyerzer Käse.

Avocadosuppe mit Joghurt.

Okra mit Mais überbacken.

Okra und Mais auf einem Sieb abtropfen lassen. Butter in einem Topf erhitzen. Mehl hineinstreuen und umrühren. Farbe nehmen lassen. Heiße Fleischbrühe unter Rühren zugießen. Milch einrühren. 5 Minuten kochen lassen. Mit Salz, Pfeffer, Muskat und Zitronensaft pikant abschmecken. Feuerfeste Form mit Butter einfetten. Okra und Mais gemischt hineinfüllen. Soße darübergießen. Mit Käse bestreut in den vorgeheizten Ofen auf die mittlere Schiene stellen.
Backzeit: 20 Minuten.
Elektroherd: 200 Grad.
Gasherd: Stufe 4 oder knapp ½ große Flamme.
Die Form aus dem Ofen nehmen und das Gemüse sofort servieren.
Vorbereitung: 15 Minuten.
Zubereitung: 25 Minuten.

Das Rezept für diesen würzigen Okra-Auflauf kommt aus Ägypten.

Okra-Auflauf ägyptisch

750 g Okra,
60 g Butter,
½ Zwiebel,
500 g Hackfleisch vom Rind,
1 Knoblauchzehe,
Salz,
6 Eßlöffel Tomatenmark,
⅜ l heiße Fleischbrühe aus Würfeln,
schwarzer Pfeffer,
1 Becher Joghurt (175 g),
Fett für die Form,
1 Zitrone.

Okra in kaltem Wasser waschen. Abtropfen lassen, Stengel abschneiden und die Früchte halbieren. Die Hälfte der Butter in einer Pfanne erhitzen. Okrastücke hineingeben. Unter Rühren 5 Minuten braten.
Herausnehmen, auf einem Sieb abtropfen lassen. Pfanne ausspülen. Abtrocknen. Darin restliche Butter erhitzen. Geschälte, gehackte Zwiebel zugeben. 3 Minuten anbraten. Hackfleisch unter Rühren 10 Minuten rundherum braten.
Knoblauchzehe schälen. Mit Salz zerdrücken. Mit Tomatenmark und ¼ l heißer Fleischbrühe einrühren. Mit Pfeffer und Salz würzen. 10 Minuten kochen lassen. Die Flüssigkeit soll dabei fast ganz verkochen. Topf vom Herd nehmen. Joghurt einrühren.
Feuerfeste Form einfetten. Die Hälfte der Fleischmasse hineingeben. Darauf die Okra und zum Schluß das restliche Hackfleisch geben. Restliche Fleischbrühe darübergießen. In

den vorgeheizten Ofen auf die mittlere Schiene stellen.
Backzeit: 60 Minuten.
Elektroherd: 180 Grad.
Gasherd: Stufe 3 oder ⅓ große Flamme.
In der Zwischenzeit Zitrone unter heißem Wasser abwaschen, trockentupfen und achteln.
Okra-Auflauf aus dem Ofen nehmen. Mit Zitronenachteln garnieren und sofort servieren.
Vorbereitung: 10 Minuten.
Zubereitung: 95 Minuten.

Okra indisch

750 g Okra,
1½ l Wasser,
Salz,
30 g Butter,
1 Zwiebel,
1 rote Pfefferschote,
1½ Eßlöffel Curry,
Saft einer halben Zitrone,
1 Prise Zucker,
6 Eßlöffel Sahne.

Okra putzen. Unter kaltem Wasser gründlich waschen. Abtropfen lassen. Stengel abschneiden. Wasser mit Salz in einem Topf aufkochen. Okra hineingeben. 15 Minuten im geschlossenen Topf kochen lassen. Auf ein Sieb gießen. Abtropfen lassen. Butter in einem Topf erhitzen. Geschälte, gehackte Zwiebel darin 3 Minuten braten. Pfefferschote abspülen, trockentupfen, entkernen und fein hacken. Zu den Okra in den Topf geben. Mit Salz, Curry, Zitronensaft und Zucker würzen. Sahne einrühren. Servieren.
Vorbereitung: 20 Minuten.
Zubereitung: 25 Minuten.

Palmito in Schinken

1 Dose Palmito (400 g),
8 Scheiben Schinken (100 g),
2 Teelöffel scharfer Senf,
4 Salatblätter, 2 Eßlöffel Mayonnaise.

Palmito abtropfen lassen. Längs halbieren. Schinkenscheiben dünn mit Senf bestreichen. Je zwei Palmitohälften in eine Scheibe Schinken rollen.
Die Schinkenrollen auf einer mit gewaschenen, trockengetupften Salatblättern ausgelegten Platte anrichten. Mit Mayonnaise garniert servieren.
Vorbereitung: 10 Minuten.
Zubereitung: 15 Minuten.

Vorspeise: Palmito in Schinken.

Palmito überbacken

1 Dose Palmito (400 g),
250 g Zwiebeln,
10 Eßlöffel Fleischbrühe,
20 g Butter zum Einfetten,
30 g geriebener Emmentaler Käse,
1 Bund Petersilie.

Palmito abtropfen lassen. Zwiebeln schälen, grob hacken und in einem Topf mit der Fleischbrühe bei schwacher Hitze etwa 20 Minuten kochen lassen, bis die Flüssigkeit eingekocht ist und die Zwiebeln zu Mus zerkocht sind.

Eine feuerfeste Form mit Butter einfetten. Palmito hineinlegen, mit dem Zwiebelmus bedecken und mit Käse bestreuen. In den vorgeheizten Ofen auf die mittlere Schiene stellen.

Backzeit: 15 Minuten.

Elektroherd: 200 Grad.

Gasherd: Stufe 4 oder knapp ½ große Flamme.

Aus dem Ofen nehmen. Mit gewaschener, trockengetupfter Petersilie garniert servieren.

Vorbereitung: 10 Minuten.

Zubereitung: 35 Minuten.

Register

GOLDMANN
VERLAG

farbige Ratgeber

10259

10253

10252

10250

10256

10255

Warmer Kartoffelsalat

Vorbereitungszeit: 15 Min.
Gesamtkochzeit: 15 Min.
Für 6 Personen

750 g kleine, neue Kartoffeln
300 g Schinkenspeck
1 EL Öl
2 EL Apfelessig
2 EL gehackter, frischer Schnittlauch

1 Kartoffeln gar kochen. Nicht zu weich werden lassen, sonst löst sich die Schale und der Salat wird zu breiig. Gut abtrocknen und in eine große Schüssel geben.
2 Schwarte und überschüssiges Fett vom Schinkenspeck entfernen. In dünne Streifen schneiden. Öl in einer schweren Pfanne erhitzen und Schinkenspeck darin braun und knusprig braten. Mit einem Schaumlöffel herausheben und auf Küchenpapier trocknen lassen.
3 Die Pfanne etwas abkühlen lassen, dann Essig hineingießen und in der Pfanne schwenken, damit er sich mit Öl und Bratensaft vermischt. Über die Kartoffeln gießen, Schnittlauch und Schinkenspeck dazugeben und vorsichtig mischen. In eine Servierschüssel umfüllen und sofort servieren.

Tip: Mit frischen Dillzweigen garnieren oder mit 1/2 TL Dill- oder Selleriesamen.

Paprikasalat

Vorbereitungszeit: 10 Min. + 1 Std. Kühlzeit
Gesamtkochzeit: Keine
Für 6 Personen

1 rote Paprikaschote
1 grüne Paprikaschote
1 gelbe Paprikaschote
60 g schwarze Oliven, entsteint
2 EL Kapern
1 EL Balsamessig
3 EL Olivenöl

1 Die Paprikaschoten in 1 cm breite Streifen schneiden. Oliven der Länge nach halbieren.
2 Paprika, Oliven, Kapern, Essig und Öl in eine Schüssel geben. Mit Frischhaltefolie bedeckt 1 Std. im Kühlschrank ziehen lassen. Dabei gelegentlich umrühren. Vor dem Verzehr sollte die Mischung wieder zimmerwarm sein.

Tip: Paprika kann vor dem Marinieren längs halbiert und auf den Grill gelegt werden, bis die Haut Blasen wirft und sich abziehen läßt.

Champignonsalat

Vorbereitungszeit: 15 Min.
Gesamtkochzeit: 6 Min.
Für 6 Personen

2 EL Olivenöl
2 EL Weißwein
500 g kleine Champignons
zusätzlich 2 EL Olivenöl
2 TL Weißweinessig
2 TL Honig
2 TL geschroteter Senf

1 Öl und Wein in einer schweren Pfanne erhitzen. Champignons hinzufügen und bei mittlerer Hitze etwa 6 Min. köcheln lassen, bis sie gar sind. In eine Servierschüssel geben und zum Abkühlen beiseite stellen.
2 Zusätzliches Öl, Essig, Honig und Senf in ein kleines Schraubglas geben und gut schütteln.
3 Etwaige Flüssigkeit von den Champignons zur Salatsauce gießen. Über die Champignons geben und vorsichtig mischen. Zimmerwarm servieren.

Tip: Champignons nicht waschen und nicht schälen. Zur Reinigung nur mit einem sauberen, feuchten Tuch abwischen.

Paprikasalat (oben) und Champignonsalat.

1. Für den Grilltomatensalat die Stielansätze aus den Tomaten schneiden.

2. Mit der aufgeschnittenen Seite nach unten auf ein Backblech legen und einschneiden.

3. Mit etwas Olivenöl bepinseln und 20 Min. backen, bis die Haut geschrumpft ist.

4. Basilikumblätter in feine Streifen schneiden und als Garnierung über die Tomaten streuen.

Grilltomatensalat

Vorbereitungszeit: 15 Min.
Gesamtkochzeit: 20 Min.
Für 6 Personen

6 reife Tomaten
1 EL Olivenöl
2 EL Weißweinessig
zusätzlich 3 EL Olivenöl
1/2 TL feingemahlener Dijon-Senf
12 Basilikumblätter, in feine Streifen geschnitten

1 Ofen auf 180 °C vorheizen. Ein großes Backblech mit Öl bepinseln. Die Stielansätze aus den Tomaten schneiden. Mit der aufgeschnittenen Seite nach unten auf das Blech legen und oben ein großes Kreuz in die Haut schneiden. Möglichst nicht ins Fruchtfleisch schneiden. Mit etwas Öl bepinseln und 20 Min. backen. Auf Zimmertemperatur abkühlen lassen.
2 Essig, zusätzliches Öl und Senf in ein kleines Schraubglas geben und gut schütteln. Die Tomatenhaut entfernen. Vorsichtig auf eine Servierplatte legen, über jede Tomate etwas Salatsauce gießen und mit Basilikum garnieren.

Arabischer Salat

Vorbereitungszeit: 15 Min.
Gesamtkochzeit: 10 Min.
Für 6 Personen

1 Becher Couscous
250 ml Wasser
20 g weiche Butter
80 g getrocknete Aprikosen, gehackt
60 g Datteln, gehackt
1 TL feingehackte Minze
2 EL gehackte, großblättrige Petersilie
2 EL Olivenöl
2 EL Orangensaft

1 Couscous mit Wasser zum Kochen bringen, vom Herd nehmen und zugedeckt 10 Min. quellen lassen oder den Anweisungen auf der Packung folgen. In eine Servierschüssel umfüllen und die Butter mit einer Gabel leicht unterrühren. Abkühlen lassen; dabei die Körner gelegentlich mit der Gabel auflockern.
2 Restliche Zutaten hinzufügen und vorsichtig mischen. Zimmerwarm servieren.

Tip: Couscous ist eine arabische Art von Weizengrieß und wird in Supermärkten und Feinkostgeschäften abgepackt verkauft.

Grilltomatensalat (oben) und Arabischer Salat.

Wildreissalat

Vorbereitungszeit: 10 Min.
Gesamtkochzeit: 40 Min.
Für 6 Personen

125 g Wildreis
250 g Naturreis
60 g Mandelblättchen
1 EL gehackte, frische Petersilie
1 EL gehackter, frischer Schnittlauch
1 El gehacktes, frisches Basilikum
3 EL leichtes Pflanzenöl
2 TL Weißweinessig

1 Wildreis und Naturreis in getrennten Töpfen gar, aber nicht zu weich kochen. Abgießen, unter kaltem Wasser abspülen und gründlich abtropfen lassen.
2 Ofen auf 180 °C vorheizen. Mandeln auf ein mit Folie ausgelegtes Blech legen und 3 Min. backen, bis sie goldbraun sind.
3 Wildreis, Naturreis, Kräuter, Öl und Essig in einer Servierschüssel vermischen; vor dem Servieren mit Mandeln bestreuen.

Tip: Reis vorkochen und erst kurz vor dem Verzehr andere Zutaten dazugeben.

Brunnenkressesalat mit Zitrusfrüchten

Vorbereitungszeit: 20 Min.
Gesamtkochzeit: Keine
Für 6 Personen

200 g Brunnenkresse
1 große Orange
1 Grapefruit
3 EL Olivenöl
1 EL Himbeeressig (siehe Hinweis)

1 Kresse gründlich waschen und abtrocknen. In große Zweige brechen und dicke Stengel entfernen. In eine Servierschüssel geben.
2 Auf jeder Seite der Orange einen Deckel abschneiden, so daß das Fruchtfleisch gerade zu sehen ist. Mit einem kleinen Messer die Schale spiralförmig abschälen. Die weiße Haut mitentfernen. Ein etwa 4 cm langes Stück Schale zurückbehalten. Mit dem Messer zwischen der Membran und dem Fruchtfleisch einschneiden und die Spalten herausheben. Mit der Grapefruit genauso verfahren. Die Fruchtspalten über die Kresse streuen.
3 Mit einem Messer die weiße Membran von der Schale entfernen. Schale in lange, schmale Streifen schneiden.
4 Zuerst Olivenöl über den Salat träufeln, dann den Essig. Vorsichtig mischen. Mit den Streifen aus Orangenschale garnieren.

Tip: Statt Brunnenkresse Rucola oder gemischte Salatblätter verwenden.

Hinweis:
Himbeeressig läßt sich leicht selbst herstellen: 160 g pürierte frische Himbeeren mit 500 ml Weißweinessig mischen. In eine Glasflasche füllen und mit einem Plastikschraubdeckel oder Korken verschließen (keinen Metallverschluß verwenden). An einem kühlen, dunklen Ort 3 Tage stehen lassen; dabei gelegentlich schütteln. In eine saubere Glasflasche filtern und kühl und dunkel aufbewahren.

Wildreissalat (oben) und Kressesalat mit Zitrusfrüchten.

Brokkoli-Blumenkohl-Salat

Vorbereitungszeit: 15 Min.
Gesamtkochzeit: 5 Min.
Für 6 Personen

250 g Brokkoli
250 g Blumenkohl
40 g Mandelblättchen
3 EL Italienisches Dressing
1 EL Zitronensaft

1 Brokkoli und Blumenkohl in Röschen teilen und 1 Min. blanchieren. Abgießen und in Eiswasser tauchen. Gut abtropfen lassen.
2 Ofen auf 180 °C vorheizen. Mandeln auf ein mit Folie ausgelegtes Blech legen und im Ofen etwa 5 Min. backen, bis sie goldbraun sind.
3 Italienisches Dressing und Zitronensaft in ein kleines Schraubglas geben und gut schütteln. Gemüse in eine Servierschüssel geben und die Salatsauce darübergießen. Mit gerösteten Mandeln bestreuen und sofort servieren.

Tip: Der Salat läßt sich gut vorbereiten, indem man das gekochte Gemüse im Kühlschrank aufbewahrt. Vor dem Verzehr auf Zimmertemperatur erwärmen; dann erst Sauce und Mandeln dazugeben.

Sommermelonensalat

Vorbereitungszeit: 15 Min.
Gesamtkochzeit: Keine
Für 6 Personen

350 g Honigmelone
350 g Warzenmelone
350 g Wassermelone (nach Wunsch)
2 kleine rote Zwiebeln
1 EL gehackte Petersilie
2 EL Zitronensaft

1 Melonenfleisch in 1 cm dicke und 4 cm² große Stücke schneiden. Zwiebeln in sehr dünne Ringe schneiden.
2 Petersilie und Zitronensaft in einer kleinen Schüssel mischen.
3 Melonen und Zwiebeln in eine Glasschüssel schichten und mit dem Saft übergießen. Sofort servieren.

Brokkoli-Blumenkohl-Salat (oben) und Sommermelonensalat.

Grüne-Bohnen-Salat mit Tomate

Vorbereitungszeit: 15 Min.
Gesamtkochzeit: 14 Min.
Für 4 Personen

275 g grüne Bohnen
1 EL Olivenöl
2 TL Zitronensaft
1 EL Pinienkerne
175 ml Tomatensaft
1 Knoblauchzehe, zerdrückt
einige Tropfen Tabasco

1 Bohnen putzen. 1 Min. blanchieren, abgießen und in Eiswasser tauchen; gut abtropfen lassen. Mit Öl und Zitronensaft mischen.
2 Ofen auf 180 °C vorheizen. Pinienkerne auf ein mit Folie ausgelegtes Backblech streuen und etwa 5 Min. rösten, bis sie goldbraun sind.
3 Tomatensaft, Knoblauch und Tabasco in einem kleinen, schweren Topf zum Kochen bringen. Bei geringer Hitze im offenen Topf etwa 8 Min. köcheln lassen, bis die Flüssigkeit auf die Hälfte reduziert ist. Abkühlen lassen. Die Bohnen auf einer Servierplatte anrichten und mit der Tomatenmischung übergießen. Mit Pinienkernen garnieren und sofort servieren.

Rotkohlsalat

Vorbereitungszeit: 15 Min.
Gesamtkochzeit: Keine
Für 6 Personen

150 g Rotkohl, feingehobelt
100 g Grünkohl, feingehobelt
2 Frühlingszwiebeln, feingehackt
3 EL Olivenöl
2 TL Weißweinessig
1/2 TL feingemahlener Dijon-Senf
1 TL Kümmelkörner

1 Rot- und Grünkohl mit den Frühlingszwiebeln in eine Servierschüssel geben.
2 Öl, Essig, Senf und Kümmelkörner in ein kleines Schraubglas geben und gut schütteln.
3 Die Sauce über den Salat gießen, vorsichtig unterheben und sofort servieren.

Endiviensalat mit Blauschimmelkäse

Vorbereitungszeit: 20 Min.
Gesamtkochzeit: 3 Min.
Für 6 Personen

3 Scheiben Toastbrot
3 EL Öl
20 g Butter
1 Kopf Endivie
125 g fester Blauschimmelkäse
2 EL Olivenöl
3 TL Weißweinessig
2 TL gehackter, frischer Schnittlauch

1 Für die Croutons die Rinde vom Brot entfernen; Brot in 2 cm^2 große Würfel schneiden. Öl und Butter in einer Bratpfanne erhitzen. Würfel darin unter häufigem Rühren 3 Min. braten, bis sie goldbraun sind. Auf Küchenpapier abtropfen lassen.
2 Salat gründlich waschen und abtrocknen. Blätter in eine Servierschüssel geben und Käse darüberbröckeln.
3 Öl und Essig in ein kleines Schraubglas geben und gut schütteln. Sauce über den Salat träufeln, Schnittlauch und Croutons hinzufügen und mischen. Sofort servieren.

Grüne-Bohnen-Salat mit Tomate (oben), Rotkohlsalat und Endiviensalat mit Blauschimmelkäse.

Spargelsalat mit Parmaschinken

Vorbereitungszeit: 20 Min.
Gesamtkochzeit: 3 Min.
Für 4 Personen

2 Bund Spargel (etwa 6 Stangen pro Person)
4 Scheiben Parmaschinken
3 EL Olivenöl
3 TL Estragonessig
2 TL Mohnsamen
30 g Parmesankäse

1 Spargel schälen und holzige Enden entfernen. 1 Min. blanchieren, abgießen und in Eiswasser tauchen. Gut abtropfen lassen und auf 4 Teller verteilen.
2 Parmaschinken etwa 2 Min. auf den heißen Grill legen, bis er sehr knusprig ist. Abkühlen lassen.
3 Öl, Essig und Mohnsamen in ein kleines Schraubglas geben und gut schütteln. Über den Spargel träufeln und Parmaschinken darüberbröseln. Mit einem Gemüseschäler oder einem Messer hauchdünne Parmesanscheiben abhobeln und auf den Salat geben. Sofort servieren.

Tip: Parmaschinken (Prosciutto) ist italienisches, geräuchertes Fleisch, das in Feinkostgeschäften und italienischen Lebensmittelgeschäften erhältlich ist und gewöhnlich in hauchdünnen Scheiben verkauft wird.

Maiskölbchen-Gemüsepaprika-Salat

Vorbereitungszeit: 15 Min.
Gesamtkochzeit: Keine
Für 6 Personen

850 g junge Maiskölbchen aus der Dose, abgetropft
80 g eingelegte rote Paprika, in dünne Scheiben geschnitten
80 g grüne, mit Paprika gefüllte Oliven
1 EL Olivenöl
1 TL Weißweinessig
schwarzer Pfeffer aus der Mühle

1 Maiskölbchen in der Mitte diagonal durchschneiden. Mit Paprika und Oliven in eine Servierschüssel geben.
2 Öl und Essig in ein kleines Schraubglas geben und gut schütteln. Über den Salat gießen und mit schwarzem Pfeffer würzen. Sofort servieren.

Tip: In Gläsern eingelegte rote Paprika sind in jedem Supermarkt erhältlich.

Spargelsalat mit Parmaschinken (oben) und Maiskölbchen-Gemüsepaprika-Salat.

Roter Blattsalat

Vorbereitungszeit: 15 Min.
Gesamtkochzeit: Keine
Für 6 Personen

150 g gemischte rote Salatblätter
100 g Fenchelknolle
1 kleine rote Zwiebel
2 EL Olivenöl
1 EL Balsamessig

1 Salatblätter gründlich waschen und abtrocknen. In mundgerechte Stücke zerpflücken.
2 Fenchel in dünne Scheiben, Zwiebel in feine Ringe schneiden. Salat, Fenchel und Zwiebel in eine Servierschüssel geben. Zuerst Öl auf den Salat träufeln, dann den Essig. Vorsichtig mischen und sofort servieren.

Möhren-Sultaninen-Salat

Vorbereitungszeit: 15 Min.
Gesamtkochzeit: Keine
Für 4 Personen

2 Möhren, feingeraspelt
150 g Kürbis, feingeraspelt
125 g Sultaninen oder Rosinen
3 EL Öl
1 EL Zitronensaft
1 TL Honig

1 Möhren und Kürbis in eine Servierschüssel geben und mit den Händen gründlich vermischen. Sultaninen hinzufügen und erneut mischen.
2 Öl, Zitronensaft und Honig in ein kleines Schraubglas geben und gut schütteln. Über den Salat träufeln, unterheben und sofort servieren.

Avokado-Spinat-Salat

Vorbereitungszeit: 15 Min.
Gesamtkochzeit: Keine
Für 6 Personen

12 große Spinatblätter
1 Avokado, in Scheiben geschnitten
75 g Walnüsse, gehackt
2 TL Walnußöl
3 TL Weißweinessig

1 Spinat gründlich waschen und abtrocknen. Mit Avokadoscheiben und Walnüssen in eine Servierschüssel geben.
2 Öl und Essig in ein kleines Schraubglas geben und gut schütteln. Über den Salat gießen und vorsichtig mischen. Sofort servieren.

Roter Blattsalat (oben), Möhren-Sultaninen-Salat und Avokado-Spinat-Salat

Avokado-Krabben-Salat mit Zitrusfruchtsauce

Vorbereitungszeit: 15 Min.
Gesamtkochzeit: Keine
Für 4 Personen

2 große Avokados
160 g kleine, geschälte Krabben
100 g Brunnenkresse

Zitrusfruchtsauce
3 EL Olivenöl
1 EL Zitronensaft
1 EL Orangensaft
1/2 TL Honig
1 TL gehackte Petersilie

1 Avokados halbieren und Steine entfernen. Krabben in die Höhlung füllen. Wenn die Höhlung zu klein ist, etwas Avokadofleisch herausschaben. Brunnenkresse und Avokados auf 4 Tellern anrichten.
2 Öl, Zitronen- und Orangensaft, Honig und Petersilie in ein kleines Schraubglas geben und gut schütteln. Über die Krabben träufeln und sofort servieren.

Tip: Dieses Gericht wird oft als Vorspeise serviert. Die Krabben können in Mayonnaise oder in Saure Sahne gerührt werden, die mit etwas Zitronensaft und scharzem Pfeffer gewürzt wird.

Tropischer Sprossensalat

Vorbereitungszeit: 15 Min.
Gesamtkochzeit: Keine
Für 6 Personen

1 kleine Papaya
2 EL Zitronensaft
2 kleine Kiwis
50 g Zuckerschotensprossen
125 g Alfalfasprossen

1 Papaya schälen und in 1 cm dicke Scheiben schneiden. Auf eine Platte legen und mit Zitronensaft beträufeln.
2 Kiwis schälen und in dünne Scheiben schneiden. Die Hälfte der Papaya, der Zuckerschotensprossen, der Kiwis und der Alfalfasprossen nacheinander in eine Servierschüssel schichten. Mit der zweiten Hälfte wiederholen und sofort servieren.

Hinweis:
Nutzen Sie bei der Salatzubereitung alle Möglichkeiten Ihres Kräutergartens. Eine gehackte Kräutermischung zu einem einfachen Blattsalat oder ein Bund frischer Kräuter und ein oder zwei Schnittlauchblüten als Garnitur machen aus einem Salat ein festliches Gericht.

Zuckerschoten-Sesam-Salat

Vorbereitungszeit: 15 Min.
Gesamtkochzeit: 1 Min.
Für 4 Personen

200 g Zuckerschoten
ca. 230 g Bambussprossen aus der Dose, abgetropft
2 EL leichtes Pflanzenöl
2 TL Sesamöl
2 TL Sojasauce
1 EL Sesamsaat, geröstet

1 Zuckerschoten putzen. 1 Min. blanchieren, abgießen und in Eiswasser tauchen. Gut abtropfen lassen.
2 Gemüse in einer Servierschüssel mischen. Öle und Sojasauce in ein kleines Schraubglas geben und gut schütteln. Über den Salat gießen. Mit Sesamsaat bestreuen und sofort servieren.

Tip: Sesamöl ist in asiatischen Lebensmittelgeschäften erhältlich.

Zuckerschoten-Sesam-Salat (oben), Tropischer Sprossensalat, Avokado-Krabben-Salat mit Zitrusfruchtsauce.

Index